生活需要高級感

*小野　著

人的一生本來就是不斷尋找答案的過程，
只有出發，才能抵達。

MIRROR ARE CLOSER
THEY APPEAR

01 高級感的人生

目錄
CONTENTS

02 高級感的生活

03 高級感的情緒

04 高級感的職場

05 高級感的未來

01

高級感的人生

世界上最實在的成功只有一種，
那就是按照自己喜歡的方式過一生。

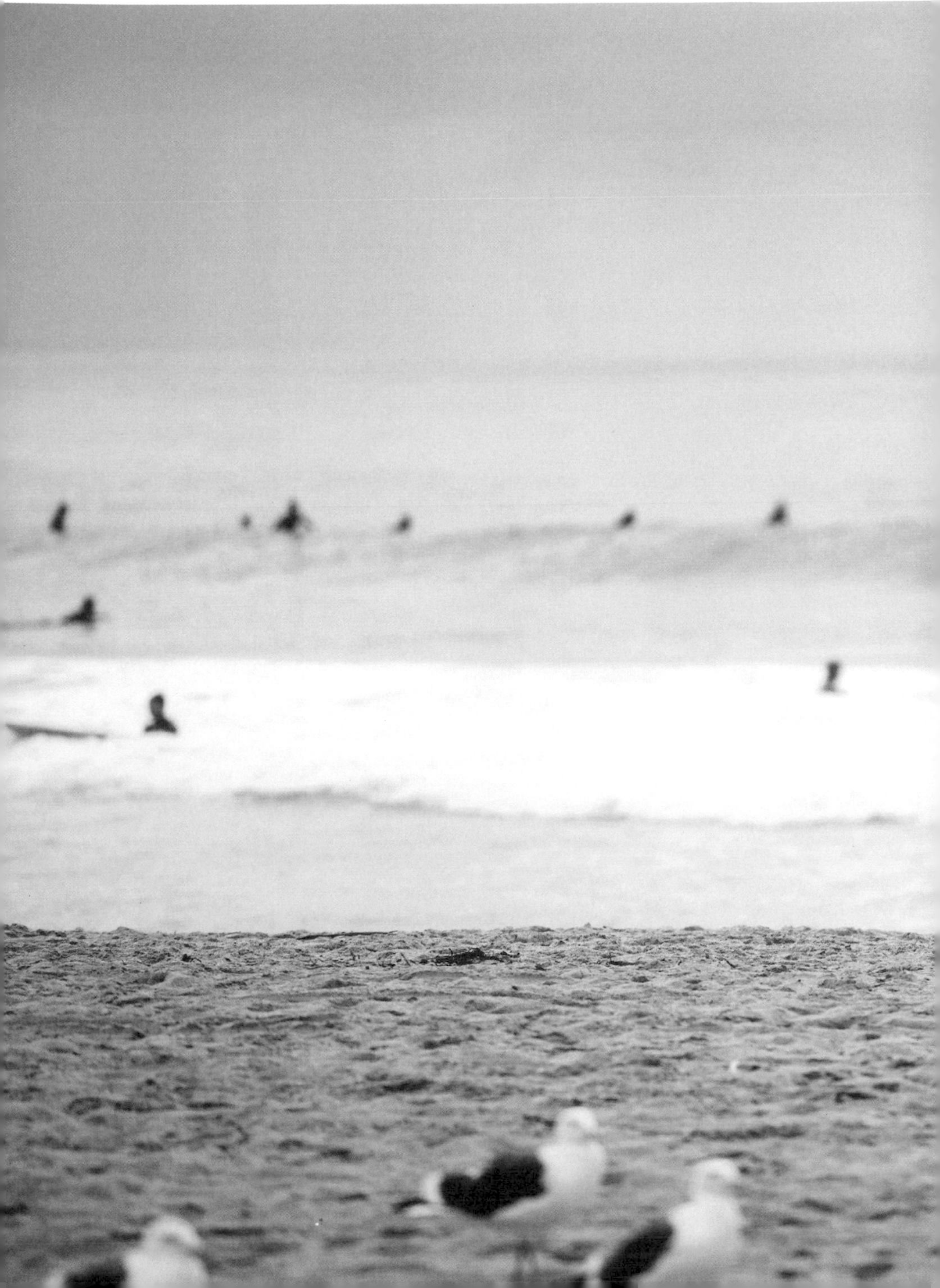

別害怕——任何人的最終歸宿，都是自己

我家附近僻靜小街的街角處有家餃子館，老闆大叔看起來五十多歲，獨自一人經營著小店，將店裡打理得井井有條。最主要的是，他家的餃子皮薄餡多、鮮香可口。第一次去這家店時，我有一種自己是「孤獨的美食家」的感覺。後來，尤其是冬天，我經常光顧這家店，漸漸成了熟客。

大叔從不與我攀談閒聊，只是低著頭默默做事，每次不等我起身拿餐具，他就已準備好碗筷醋碟，並且用雙手捧著放到我面前，然後心滿意足地

離開，繼續去做自己的事。想必，這就是一個比較害羞的老闆對熟客的熱情招待了。

我偶爾會對老闆的生活感到好奇，但也不想做個八卦且話多的食客。每當餃子的鮮香氤氳在店內熱騰騰的空氣裡，我就想起小林聰美主演的電影《海鷗食堂》。

日本中年女子幸江，在芬蘭首都赫爾辛基的一個街角開了家海鷗食堂。沒有客人光顧的日子裡，幸江依然自如地度過每一天：去市場購物，把小店裡的桌椅擦得一塵不染，打烊後去游泳，晚上專注地練習合氣道。有人問她為什麼會開海鷗食堂，幸江笑著說：「只是不想做自己不喜歡的事。」

一個人內心的篤定和安寧大多來自這種狀態。世界上所謂的「成功」有千萬種，最實在的成功卻只有一種，那就是按照自己喜歡的方式過一生。因為我們每個人最終的歸宿都是自己，陪我們走過漫漫人生道路的那個人，也只能是自己。而以自己喜歡的方式過一生，就是一個人悅納自己且愛自己的終極表現。

一個人只有處理好與自己的關係，才能處理好與外界的關係。任何關係的最終歸宿，也是如何對待自己。

不要為了迎合別人而勉強自己去做不喜歡的事情；不要為了得到別人的肯定而奉獻自己的全部休息時間；不要因為別人的某個眼神或某句話而坐立不安；更不要把自己的快樂建立在別人的快樂之上。因為這樣的你，不是真正地快樂。

你可以努力地去做一個孝順兒女，你可以堅強地去做一個超人爸媽，你可以包容地去做一個暖心的朋友，你也可以拚命去做一個滿分員工或滿分主管……但是，在成為所有這些角色之前，請先做一個發自內心快樂的自己，因為這是你能扮演好其他角色的根本。

德國作家赫曼．赫塞（Hermann Hesse）曾在《德米安》（*Demian*）一書中發出這樣的感嘆：「在世上，最讓人畏懼的恰恰是通向自己的道路。」

很多時候，我們唯一缺乏的就是面對自己的勇氣。只有面對自己，才能看清自己，看清自己的所有：優點和缺點，喜歡的和不喜歡的，珍視的和鄙夷的。有了坦誠面對自己的勇氣，才能在與自己的相處中生出自我的智慧。

我們這一生，除了要見天地，見眾生，最終要遇見的還是自己。因為只有我們自己知道自己是誰；只有我們自己能決定自己的樣子。儘管通往自己的路，或崎嶇難行，或曲折盤繞，我們常常會站在岔路口不知所措，有時候甚至迷失了自己，走錯了路，又回到起點重新開始。但是，只要內心篤定，就不會像隨風飄零的落葉，在半空中盤旋、顫抖、翻滾，總也找不到屬於自己命運之路的方向。最終決定你能走多遠、能過什麼樣生活的，是你自己。

白落梅在《你若安好，便是晴天》一書中曾說：「終於明白，有些路，只能一個人走。那些邀約好同行的人，一起相伴雨季，走過年華，但有一天終究會在某個渡口離散。紅塵陌上，獨自行走，綠蘿拂過衣襟，青雲打溼諾言。山和水可以兩兩相忘，日與月可以毫無瓜葛。那時候，只一個人的浮世清歡，一個人的細水長流。」

無論現在是否有人陪在你身邊，或早或晚，人生總要獨自前行，獨自走完剩下的路，人人如此。但是，並不是所有人都能活出精采的自我。只有那些不懼怕孤獨並善用孤獨的人，才能把握獨自前行的人生力量。一個人，便能活得像一支隊伍，內心深處自帶熱度，永遠不會從別人身上尋找安全感。

所以，別害怕一個人走，請勇敢些，然後像愛你愛的人一樣去愛自己。要敢於面對自己，坦誠地面對自己的需求，然後努力活成自己想要的樣子，縱使經歷了生活的摸爬滾打，笑到最後的卻是已經堅不可摧的自己。

在成為所有這些角色之前，
請先做一個發自內心快樂的自己，
因為這是你能扮演好其他角色的根本。

別懶惰——越自律，越高級

康德（Kant）說：「假如我們像動物一樣，聽從欲望，逃避痛苦，我們並不是真的自由，因為我們成了欲望和衝動的奴隸：我們不是在選擇，而是在服從。」

然而，有太多人錯把聽從欲望當作聽從自己內心的聲音，錯把不敢直面痛苦當作不做自己不喜歡的事。聰明反被聰明誤。他們忽略了，過上自己想要的悠閒而愜意的生活，不做自己不喜歡的事情，這本身就是需要費好大力氣才能達到的高級生活。正所謂，沒有懶洋洋的自由，也沒有毫不費力的成功。思想上投機取巧，行動上消極懶惰，你還期待什麼被生活溫柔對待呢？現實的滾滾天雷早已在趕來劈你的路上。

在欲望和痛苦面前，自律可以讓我們擺脫低級欲望的束縛，達到真正的自由境界。越自律，越高級。讓自己自律起來，宇宙中所有的好事都會朝你的方向走來，生活就會變得超乎你的想像。

獲獎無數、作品被翻譯成多國語言的村上春樹，至今仍然雷打不動地堅持著每天跑步和寫作。對他來說，跑步是一種身心得以放空和休憩的方式，也是為寫作積蓄能量和靈感的加油方式。

然而，令我們想像不到的是，在村上堅持跑步之前，也過著日夜顛倒、菸酒不離手、贅肉纏身的生活。直到三十三歲，村上開始堅持每天跑步，生活才變得有規律，每天凌晨四點起床，寫作五六個小時，跑十公里（後來改為上午九～十點，結束工作後跑一個小時），此外他還成功地戒了菸，改掉了每天抽六十根菸的習慣，腰間的贅肉也消失得無影無蹤。告別了懶惰，曾經的油膩大叔不見了。

開始跑步以後，村上把跑步作為自己生命的本能來堅持：「就好似蜘子天生要螫人，蟬天生要死叮著樹一般；又好比鮭魚注定要回到牠出生的河流，一對野鴨子注定要相互追求一樣。」

同樣的，每天寫十頁小說，也是靠每天打卡出勤般的堅持。即使不寫小說，村上也會堅持每天寫隨筆或翻譯文章。因為他說：「活著，就意味著必須要做點什麼。」

如今的村上，年年參加國際馬拉松比賽，作品被翻譯為多國語言，全世界各個角落都有他的讀者。哪怕已經年過七十歲，村上仍然保持著普通老年人罕有的少年感。

同樣堅持跑步的張鈞甯說過：「跑步也好，人生也好，只要再多踏出一步就好。以前是用腿跑步，現在才懂，跑步其實是靠腦袋指揮。」

她從一開始就知道自己想要什麼，想要當一個好演員，需要一副強健的體格，讓自己的身體可以負荷相應的工作量；想要展現出自己優雅完美的一面，就要練好自己的體型。所謂「永遠十八歲少女」的稱讚，就是她每天一步一步跑出來的。

我們難以做到自律，容易向懶惰投降的罪魁禍首往往是迷失了方向，忘記了自己到底想要什麼。當你覺得堅持很難，快要被欲望俘虜的時候，不要急於看終點，而是要把握好眼前的事物。

不妨再堅持一下，再多走一步，專注於當下，認真地走好每一步。要知道，好習慣的養成總是要付出代價的，改變的開始總是痛苦的。

「重複成習慣，習慣成自然，自然成個性，個性成命運。」

如果你每天堅持比別人多努力一點，多看一些書，多跑幾步，你就有可能比別人多一點成就。

十五歲時，你覺得彈吉他太難，按弦的手指太痛，放棄學吉他；二十歲時，你喜歡的女孩被一個會彈著吉他表白的人追走了。上大學，終於熬過高考難關的你，懶得再花時間背單字、學文法；畢業找工作時，你卻發現很多心儀的工作都要求雅思或託福證書。進入職場後，老闆要把你借調到外地，你覺得外地太遠，吃不了苦，拒絕了老闆的安排；幾年後，那個代替你借調過去的同事已經成了區域總經理……

別小看惰性這種東西，它能讓你失去的不只是機遇，還有未來的價值。

最後，我想以日本殿堂級設計大師山本耀司的一段話作為結尾：「我從來不相信什麼懶洋洋的自由，我嚮往的自由是透過勤奮和努力實現的更廣闊的人生，那樣的自由才是珍貴的、有價值的；我相信一萬小時定律，我從來不相信天上掉下的靈感和坐等的成就。做一個自由又自律的人，靠勢必實現的決心認真地活著。」

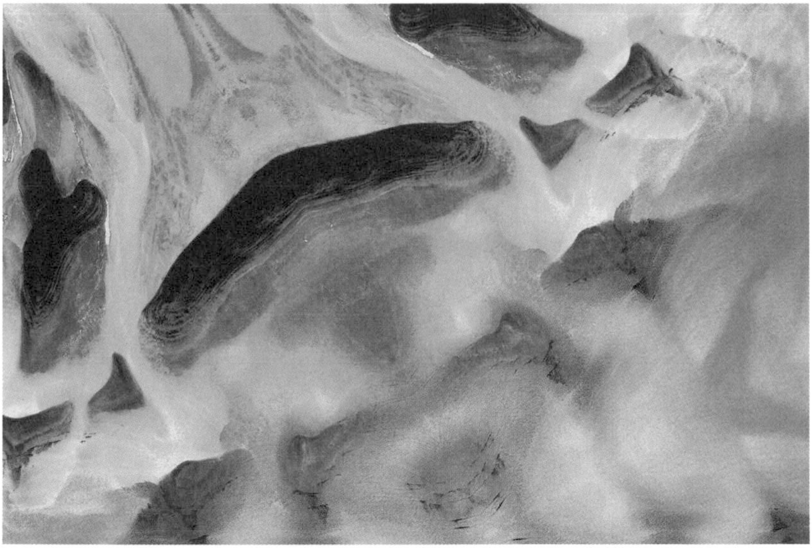

讓自己自律起來，
宇宙中所有的好事都會朝你的方向走來，
生活就會變得超乎你的想像。

別迎合——學會說不

看過花語故事的人都知道水仙花的來歷：每天沉醉於湖面上映出的英俊面容，少年不幸溺斃，變成了湖邊的一朵水仙花，於是水仙花便有了「自戀」的花語。

也許，很少人知道，王爾德（Oscar Wilde）還為這個故事寫了後續：因為水仙少年的逝去，湖泊整日哭泣，一個淡水湖變成了鹹水湖。山林女神說，我們都未正面見過水仙少年，只有你見過他的美貌；可是湖泊卻說，我為水仙少年流淚，是因為我能從他的眼睛深處看到自己的美麗映象。湖泊對自己的認知竟然全部來自水仙少年的眼睛。

全然活在別人的眼光或評價中，每天那麼努力，卻是在迎合別人眼中那個完美的自己，你是否就是這樣生活的呢？

一味地迎合別人，失去了心中的方寸與原則，迷失了自我，日子過得無趣，便沒了精氣神，更何談成長與改變？一個心智成熟的人，一個真正高情商的人，從來不會為了迎合別人而委曲求全。用自己的不舒服換來對方的舒服，這絕不是高情商的體現，這樣的迎合是廉價且不高級的。

現實中，很多人都是迎合哲學的鐵粉，他們信奉迎合別人就是圓滑處世的表現；迎合意味著融入圈子，那樣的自己看起來似乎左右逢源、受人重視。

小時候，為了討大人的喜歡，迎合大人們的要求，削掉自己的稜角，忽略自己的獨特個性，拚命成為大人口中「別人家的孩子」；上學時，為了迎合老師的喜歡，把自己訓練成考試機器，一切都為了學習成績；和朋友在一起時，為了擁有更多的朋友，處處迎合別人；談戀愛時，總是迎合戀人的口味，覺得自己付出了那麼多，他應該更愛你；結婚後，更是圍著另一半和孩子轉，不斷迎合他們的要求，把自己的需求擺在最後；職場上，隨時迎合主管的偏好，圓滑做事，似乎春風得意……

這些迎合別人的行為，看似帶來的都是好事。但是，到底是不是真正的好，只有自己知道。小時候，迎合大人們的要求，卻丟失了純真和快樂，結果終其一生都在尋找童年的簡單快樂；上學時，得到了老師的喜愛，學習卻成了一種任務和負擔，忘記了自己學習知識究竟是為了什麼，而在餘下的人生中都厭惡學習、厭惡知識；迎合朋友，朋友想做什麼你都陪著做，哪怕自己很不情願，總有一天內心不滿足的情緒會爆發；迎合戀人、伴侶或孩子，慢慢地，他們會把你的付出當作理所當然，甚至有時候會不尊重你；職場上，一味地迎合主管，缺乏獨立處理問題的勇氣和魄力，就只能當一顆螺絲釘，永遠掌握不了自己人生的方向盤……

一個人只有在內心不篤定、不知道自己想要什麼的時候，才會活在別人的評價裡，才會變得容易妥協。

如果想要擺脫迎合別人的被動局面，想要自己把握自己的人生，首先要去遇見那個未知的自己。每時每刻都要保持一顆對自己敏感的心，學會覺知內在的自我。找到內心深處真正的自己，就等於找到了自己想要的到底是什麼。一旦獲得了自我覺知的力量，面對與自己內心的方寸和原則衝突的人事物，你就會勇敢地說「不」。哪怕拒絕別人會讓你短時間內覺得無所適從，但是一段時間過去後，你絕不會後悔當初的拒絕和堅守。

滿身「不合時宜」的蘇東坡，一身豪情才華，受人愛戴，甚至被皇太后賞識。只要稍作迎合，他就可以大樹底下好乘涼，可是蘇東坡選擇堅守自我內在的本性，從不刻意追求政壇名望，縱使經歷宦海沉浮，仍能隨遇而安，人間有味是清歡。他不僅文學成就非凡，在書法上也造詣頗深，黃庭堅曾稱讚他的字「本朝善書，東坡當推為第一」。

所以，千萬不要為了和別人打成一片而染上抽菸喝酒的壞習慣；千萬不要為了討好甲方而無底線地讓步；千萬不要因為喜歡一個人而改變自己原本的喜好……

除非，這些改變是你發自內心想要做的，是出於自己喜歡，不然真的沒必要為了迎合別人，而委屈了自己。如果不喜歡，你大可以說「不」。人生的方向盤就在你的手中，這一條路走不通，還有其他很多條路可以走。

不管怎樣，請你多聽聽自己內心的聲音，不要為了迎合別人，強行把自己變成自己不喜歡的樣子。

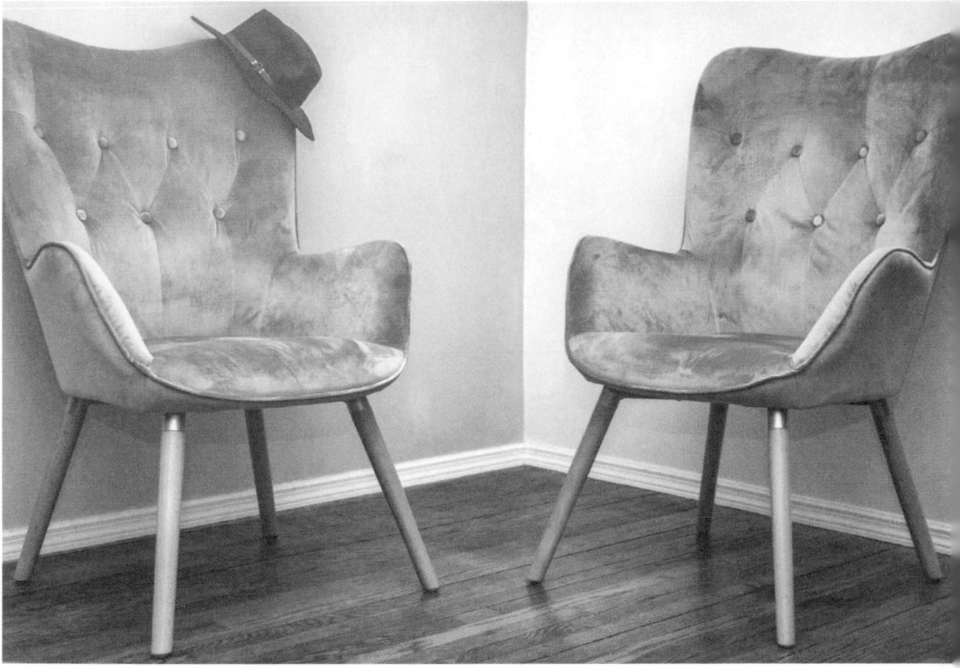

用自己的不舒服換來對方的舒服，
這絕不是高情商的體現，
這樣的迎合是廉價且不高級的。

別迷茫——不迷茫，不依附，才是該有的生活態度

我如果愛你——
絕不像攀緣的凌霄花，
借你的高枝炫耀自己。

這是舒婷的詩〈致橡樹〉的開頭。很多詩評家評論這首詩為當年新時代女性獨立自尊意識覺醒的象徵。好的愛情不是雪中送炭，而是錦上添花。其

實不只是那個時代，不只是愛情，亦不僅限於女性，一個人必須是獨立的、完整的，才能走得更遠、爬得更高，才會遇見更美麗的風景。否則，真的會像凌霄花一樣，能夠爬多高、走多遠，完全取決於其依附的牆垣或樹枝。

我有一位做心理治療師的朋友，彼此有空的時候經常約吃飯。與其說是吃飯，不如說是互相傾訴，互相傾聽。我們彼此開玩笑，他說我是心理治療師的心理治療師，畢竟心理治療師也需要分享和被傾聽。

有一次，聽他講起一個令他很困惑的發現：前來找他諮詢或求助的人中，有很多是感情遭遇挫折的女性，她們往往會因此而罹患焦慮症甚至是憂鬱症。而這些人擔心最多的問題，要麼是不知道以後一個人生活要做些什麼；要麼是覺得自己什麼都不會做；又或者是害怕面對獨自解決所有問題的未來……

戀愛時，有多依賴對方；分手後，身心面對的挫敗感和無力感就有多沉重。跟這些女性聊得更深入後，我這位朋友發現，在談戀愛之前，她們其實也看書、旅行，也曾在某個領域擁有自己的天賦和實力。

想要毀掉一個女孩，就從讓她無限依賴你開始。然而，無論是少女漫、偶像劇，還是那些在朋友圈被轉來轉去的文章，都在告訴我們：會撒嬌的女人才好命。似乎現實在告訴女孩們，有一個無限寵溺妳的人愛著妳，這才是幸福。

終於不用再為了讓自己有一個安穩的未來而奔波勞累，餘生皆假期，比起獨自經歷九九八十一難才能實現的未來，誰會放著那條又容易又快速的捷徑不走呢？

然而，現實中，選了捷徑並一直幸福走完後半生的人少之又少。一個人完全依附於另一個人，這種親密關係本身就是病態的。在一段健康的親密關係中，雙方是獨立平等的，朝著同一個方向前進。累了，可以彼此依靠；壓力大了，那就背靠背地彼此支撐。而非一個人完全依附於另一個人，將所有問題和壓力推給對方來面對和消化，很多愛情或婚姻都是葬身於此。

自由是獨立，
不依附，不恐懼。

對自己來說，依附於別人生活是對自己作為獨立個體的極大不尊重。每個人都是獨立的個體，我們是完全屬於自己的，而不是別人的某某某。上述那些女孩，在談戀愛或結婚之前，也過著不斷提升自己的生活；可是一旦投入親密關係後，就變得患得患失，完全失去了自我，最終被另一半厭煩。為什麼不能時時刻刻都保持對自己的正確認知呢？正確地認清自己，堅持自己的追求，在風雨前行的路上，找一個往同一方向走的人互相陪伴。唯有這樣，才能不再患得患失，不會害怕失去，因為你有一個強大的自我。

美國前第一夫人蜜雪兒・歐巴馬（Michelle Obama）在她的自傳《成為這樣的我》（*Becoming*）裡，寫到究竟是什麼讓蜜雪兒成為蜜雪兒。從一個普通的黑人家庭進入常春藤名校，再進入最有名的律師事務所，然後一躍成為第一夫人。期間，她也面臨從職場女性到職場媽媽的角色轉變和掙扎，也經歷丈夫歐巴馬參加競選的壓力。她深深明白，丈夫歐巴馬非凡的才智和雄心可能會吞掉自己的才智和雄心，而讓自己失去自我追尋的平衡感。一步步走到現在，蜜雪兒也曾像你我一樣，有過惶恐，也有過自我懷疑。

但是，這個從芝加哥走向白宮的黑人女孩，一路走來從未停止自我探索，從未忘記追求自己內心所嚮往的東西。她積極上進，有想法、有主見，坦率真誠，最終活出了自我，成為擁有更多可能性的自己。

蜜雪兒在書中說，「成為」應該是一種前進的狀態，一種進化的方式，一種不斷朝著更完美的自我奮鬥的途徑，這條道路沒有終點。

這與印度思想家克里希那穆提（J. Krishnamurti）說過的一句話有異曲同工之妙：「自由是獨立，不依附，不恐懼。」

對生活不迷茫，不依附於任何性質的權威，內心就不會恐懼，而是充滿堅定的力量；這才是我們該有的生活態度。

別比較——世界上最可怕的生物，是「別人」

「他人即地獄。」（L'enfer, c'est les autres.）

沙特（Jean-Paul Sartre）在他的劇作《密室》（Huis Clos，又譯《無路可出》）中如是說。劇中講述了四個靈魂墜入地獄，等待他們的不是刀山火海，不是殘酷刑罰，而是一間封閉的密室。密室裡的燈永遠亮著，刀子鋒利卻永遠殺不了靈魂。因此，每個靈魂不論做什麼都不得不在別人的眼皮底下完成。

之所以出現「他人即地獄」的論調，是因為別人的眼光永遠會左右你的選擇。只要有他人在，誰都無法做出完全忠於自我的自由選擇，反而更關心怎麼做才能比別人做得更好，而非自己為什麼要這麼做。

比較或者競爭是資本家或權力擁有者愛玩的把戲，因為透過比較和競爭機制，能促使手下的螺絲釘們更投入地工作。員工更賣力地工作換來的，便是業績的提升和資本的增加。或者有些父母或老師，總是對孩子說別的孩子有多好，無疑也是想讓自己的孩子學習更努力、更好，從來沒有人試圖問過：「你的目標是什麼？你想要過什麼樣的生活？這樣的生活你喜歡嗎？」

這就是比較的可怕之處。我們所謂的「目標明確」，只不過是瞄準了別人的目標，努力比別人做得更好。一直活在比較的假象世界裡，以至於自己本來是為了什麼而「努力」，似乎早已忘記了。

學僧道岫，一心向佛，但是他在寺廟苦心修行十多年卻一直未開悟。

眼見師弟們一個個開悟、受戒，道岫心中生出了放棄的念頭，他寧願去做個江湖吟遊的苦行僧。當他與廣圄禪師道別時說道：「我每天除了吃飯、睡覺之外，全部時間與精力都花在參禪悟道上了，這麼用功還是不能開悟，而師弟們一個個都出師了，跟他們一比，我就像一隻小麻雀見到了大鵬展翅的大鳥，常常自慚形穢。我和禪可能無緣吧。」

而廣圄禪師的回答讓道岫放棄了離開的念頭，他說：「別人有別人的境界，為什麼非要以別人的境界來修行自己？是的，大鵬鳥輕輕一振翅，就能飛出幾百里；而小麻雀不管怎麼努力都只能飛出幾丈。縱使如此，佛法無邊，大鵬鳥就算飛出幾百里，也未能超越生死界限啊！」

於是，道岫收回行囊，不再與他人比較，而是耐心修行，等待開悟。

每個人都是獨一無二的存在，每個人都有自己獨特的生命軌跡；總是看見別人的成功，就會自亂陣腳，迷失方向，忘記自己本來的人生使命。兜兜轉轉，到頭來，還是要按照自己的生命軌跡走下去，去實現屬於自己的成功。

比較還有一個可怕之處，那就是沒有人會享受與別人比較的過程。為了比較而比較，去別人的人生坐標系裡找自己的定位，當然是徒勞無功的。把所有力氣都花在與別人一爭高下上，就算是贏了，也只能快樂一時；但是為了自己的目標努力，就會全身心投入其中，很有成就感。哪怕成功的過程很困難，努力的過程也是開心的，這樣的快樂才是發自內心的。

R一直是朋友圈裡的傳奇人物，他自幼聰慧過人，智商超高，能在短時間內解開奧數難題，常常讓老師震驚得一臉不可思議。R的家境也很優渥，他的父親經營一家大型會計事務所，隨時準備讓R當接班人，簡直就是入江直樹的真實版人生。我們本來以為R會按照父母早已為他規劃好的道路，去國外讀個金融碩士，然後回來繼承父親的公司。沒想到R自己偷偷換了跑道，去康乃爾大學（Cornell University）修讀農業科系。畢業後，他留在了國外，當起農場主人。

R的父母雖然不反對但也不支持，面對父母的疑慮，R說：「從小到大，父母總是替我規劃好一切。儘管我已經夠努力讓自己變優秀，父母還是會拿我跟更優秀的人比較。不自覺中，我也會拿自己去跟別人比較，比較的結果是我常常被焦慮的情緒左右。我想，與其隨波逐流地比來比去，不如去做自己真心喜歡做的事情，去享受奮鬥的過程，全身心投入，體驗那種成就感，讓自己笑得更快樂一些，這樣才有動力走向更遠的未來。」

人生有太多的未知和可能性，每個人都有自己的活法，活出自己的樣子最重要。

別隨波逐流地比較，別浪費了自己的天賦和理想，好好利用它們，為它們澆水施肥，看它們發芽、成長，最終長成參天大樹，這才是自信成功的人生該有的樣子。

每個人都有自己獨特的生命軌跡，
總是看見別人的成功，就會自亂陣腳，迷失方向，
忘記自己本來的人生使命。

別放棄——讓你衰老的不是年齡，是對理想的放棄

當一九九〇世代都在自稱「老阿姨」的時候，我這個一九八〇世代才開始有了初老的概念。一九九〇世代之所以如此自黑，表面上是面對年屆三十和髮際線後移的無奈，實則是對自己人生道路尚未清晰的集體焦慮和恐慌。

反觀退休後的叔叔阿姨們，有的去上銀髮大學，有的跳舞唱歌，有的栽花種菜，有的拿著單眼、扛著鏡頭和三腳架去捕捉美景……活得有聲有色，腳下生風。

年屆七十才開始寫作的厄爾曼（Samuel Ullman），親身詮釋了自己的觀點：「沒有人僅僅因為時光的流逝而變得衰老，只是隨著理想的毀滅，人類才出現了老人。」

齊白石五十七歲還在北京靠賣自己的畫討生活，儘管他的畫賣得比別人便宜，仍然鮮有人欣賞，直到遇見知音陳師曾後，生活才有了起色。但是，好景不長，隨著陳師曾英年早逝，齊白石的生活再次陷入困境，甚至還遭到同行誤會和排擠。北京的冬天寒風刺骨，經歷如此坎坷的遭遇，別說年近六十歲的老人，年輕人恐怕都會選擇放棄。然而，齊白石對畫畫始終保有一顆赤子之心，他不在乎世俗的眼光，也能忍受窮困潦倒的生活，唯獨不能放棄畫畫，尤其不能因為自己年紀大了而輕言放棄，他把畫畫當作餘生的使命。

堅持畫畫的齊白石，活到老學到老，他的作畫風格在日復一日的潑墨揮筆中日臻成熟，自成一派。終於，堅持了九年後，齊白石的畫作得到剛抵北京的徐悲鴻的青睞。自此，他的畫吸引了更多的欣賞者，越來越多人願意購買並收藏他的畫作，繪畫大師的名號也由此而來。

九年的堅持，足以換來一個柳暗花明的輪迴。待到理想實現的那一刻，誰能否定那是一次生命的重生呢？人生永遠沒有太晚的開始，也不會有太早的結束。如果你正在黑暗中摸索，看不清前行的路途，不要放棄，堅持走下去，因為太陽總會出來，天總會亮，迷霧也總會散去，最終，等待你的將是康莊大道。

本來以刺繡美國鄉村風景為樂的摩西奶奶（Anna Mary Robertson Moses），由於長年在農場做工的勞累，在七十六歲時因為關節炎而無奈地放棄刺繡。可是，她不想餘生就這樣空虛地度過，於是用畫筆代替繡花針，七十八歲那年，她完成了人生中的第一幅畫。

之後，她從未放棄對美的熱愛，用一顆飽含慈祥與永恆的心繪畫，這一畫竟然畫了二十多年。八十歲的摩西奶奶在紐約舉辦了個展，明快的手法和大膽明亮的色彩，很快吸引了大批民眾前來參觀。摩西奶奶自己也沒想到，

做你喜歡的事，
命運會高興地幫你打開成功之門，
哪怕你現在已經八十歲了。

她回憶農場生活的風景風俗畫，竟然在藝術人才濟濟的大紐約引發轟動。在她一百歲的時候，紐約州還將她生日那天命名為「摩西奶奶日」。

摩西奶奶豐富多彩的晚年生活為大批焦慮的現代人注入一劑強心針，很多人因為摩西奶奶的精神，鼓起勇氣去做自己喜歡的事情，重新拾起人生的希望。直到現在，儘管摩西奶奶已經告別這個世界，她卻依然活在無數有理想、有熱情的人們心中。

其中比較戲劇化的例子是，在摩西奶奶一百歲時，日本有個叫渡邊淳一的年輕人問她，該不該為了自己熱愛的寫作而辭掉外科醫生的工作？

摩西奶奶認真地給這位迷茫的年輕人回了信，回信是一張明信片，上面畫了一座穀倉，並附上一段話：「做你喜歡的事，命運會高興地幫你打開成功之門，哪怕你現在已經八十歲了。」

正是這封回信，成就了日後名揚世界的大作家。

別在意年齡，也別在意別人的眼光。請相信，你最願意做的那件事，就是你真正的天賦所在。把時間用在你最願意做的那件事上，就不是浪費時間，認真努力的每一分每一秒都算數。把時間和精力浪費在對衰老的焦慮和苦惱上，那才是對自己人生的極度不負責任。

從你開始害怕衰老、害怕年齡增長的那一刻起，你就已經被時代屏棄了。時間和理想是最公平的，時間會為懂得熱愛它、珍惜它的人而永恆，理想則會垂青那些永不言棄的人。不信你看，九十歲的超模卡門．德爾菲斯（Carmen Dell' Orefice）在伸展臺上綻放了七十五年；而即將百歲的艾瑞絲．愛普菲爾（Iris Apfel）氣場超強，至今仍是時尚指標……

她們的美麗和優雅早已深入骨髓，那顆鐫刻著對理想堅持的心從未停止燃燒。

千萬別動不動就說自己老了，因為這樣會錯誤地引導自己；千萬別輕易放棄自己的夢想，浪費了大好年華。請時刻記住，年輕就是心中有燃不盡、吹不滅的理想，有理想就有力量，有夢就有未來。

02

高級感的生活

我們藉由讀書，
去實現精神世界的完滿，
去發現自己人生的閃光點。

學會歸整——你不需要那些東西

全世界的女人都是如此：永遠都在購買新款服裝，永遠都有各種理由購置新衣，卻永遠覺得自己的衣櫥裡少一件衣服。

但法國女人似乎是個例外，法國女人的衣櫥裡十件衣服就足夠了。然而法國女人卻有一種全世界公認的優雅魅力，她們的穿著總是很得體端莊。

全世界的女人都在想盡辦法添置衣物的時候，法國女人卻在做減法，她們的衣服量少卻精緻。省去了追逐時尚潮流和研究穿搭的時間，她們得以有更多的時間和精力去經營自己的生活，看似慵懶隨性，卻透出一股說不出的浪漫魅力。

生活裡真正的幸福和快樂並非來自不斷滿足日益增長的物欲，而是來自對自己的生活實實在在的選擇權。哪些是我需要的，留下，帶著美好的心意使用；哪些是我不需要的，放下，別讓不需要的東西把生活擠得透不過氣。

《怦然心動的人生整理魔法》一書的作者近藤麻理惠，憑出色的整理收納技能，於二〇一五年被美國《時代雜誌》（*TIME*）評為「世界上最有影響力的人」之一，要知道，除了村上春樹之外，她是唯一入選的日本人。

在書中，近藤主張整理收納一定要關注自己的感受，以怦然心動作為決定物品去留的準則。整理不是目的，整理只是開始，認清自己的開始。所謂修行，就是從清掃和整理自己的家開始，生活居住的環境乾淨明快了，心神自然也就明快敞亮許多。而真正的人生修行，始於整理完成之後。

在日本，近藤麻理惠的知名度不亞於碧昂絲（**Beyoncé**）在美國的知名度，我的好友裡也有很多近藤的忠實粉絲，也是怦然心動的人生整理魔法的實踐者。

Jinnett曾是我的合租室友，我們一起合租二十四坪多的兩房一廳。所幸兩間臥室都向陽，且都有一個小陽臺，只是一大一小，當時我住在小的那間臥室，Jinnett住在大的那間，客廳、廚房、衛浴屬於共用區域。

Jinnett平時給人的印象總是漂亮、幹練，每次出門都搭配精緻的妝容和得體的衣服。但是，住在一起後，看到她的房間，我無法不懷疑自己的眼睛，總感覺自己看到的跟平日裡的Jinnett不是同一個人。

床上堆滿了衣服，只留下一半空位睡覺；化妝臺上擺滿了大大小小各種化妝品，有用完的空瓶，也有還沒拆封的；一株等身高的植物，立在陽臺門口，已經枯了；衣櫥門總是大開，裡面的衣服凌亂不堪，毛衣袖子和牛仔褲纏在一起；地板上有穿過的襪子，有用過的免洗紙杯，有不知道什麼時候買回來一疊疊的書，還有沒吃完的洋芋片或其他零食……本來大大的臥室，卻

整理好了房間，也就整理好了思緒，
不再追著別人口中的潮流走，
更篤定堅持自己真正喜歡的。

感覺快要擠爆了。

後來我因為工作調動的關係搬家了，Jinnett 沒有再找別的室友，一個人繼續租著那間房子。我們常常聯絡，偶爾視訊聊天，看看彼此的近況。從螢幕上看，家裡好像越來越整潔了，她也時不時會向我炫耀並展示她的成果。

變化始於她迷上了「扔東西」這件事。原來的買買買變成了扔扔扔，那些從來沒用過、可以置換的物品都被她扔掉了。房間的空間騰出來以後，Jinnett 說，風從窗外吹進來，吹起白色窗簾，她感覺心裡輕盈極了，決定以後就要這樣簡單過生活。

整理好了房間，也就整理好了思緒，不再追著別人口中的潮流走，更篤定堅持自己真正喜歡的，購物的欲望竟然也降低了。原來的 Jinnett 拚命工作賺錢，然後努力花錢。而現在她明白了，能給自己真正快樂的，往往都是免費的，而非需要用錢來填滿。Jinnett 漸漸有了存款，之前完全沒有理財觀念的她也開始學理財。去年年初，Jinnett 告訴我她在四處看房子，她竟然已經存夠了買房的頭期款。Jinnett說，以後住在自己的房子裡，繼續簡單生活，既往不戀，當下不亂，未來不迎。

其實，學會整理房間的終極奧義是學會整理人生；真正的人生始於整理之後。

每個人都有自己獨特的人生經歷。整理人生，也許需要我們揭開傷疤、面對晦暗的過去；也許需要我們跳出穩定的舒適圈；也許需要我們捨棄一些東西。無論如何，只留下自己需要的，捨棄不需要的，然後在最喜歡物品的圍繞下，度過閃閃發亮的每一天。

學會讀書——讀書是一件很好玩的事

並非每個人都會讀書。

我見過太多不會讀書的人。比如早年的我自己，一向自詡愛書如命，卻一直把「讀書」這件事看得過於嚴肅，以至於「讀書」成了一件很有負擔的事。因為感覺負擔，讀書漸漸失去了趣味。

從選書開始，就抱著滿滿的功利心，看看別人都在讀什麼書，彷彿別人都讀的書自己沒有讀，就會被淘汰；讀書的時候，因為太看重結果而不能體驗沉浸其中的樂趣；讀完書之後，卻想不起來自己最喜歡書中哪些段落。靜下來的時候，忍不住懷疑自己，是否真的喜歡讀書？是否真的會讀書？

其實，讀書可以很簡單，也可以很好玩。只有真正體會到這一點，不給讀書加上執拗的標籤，放棄「書中自有黃金屋，書中自有顏如玉」之類的看法，緊繃的神經才能放鬆下來，讓靈敏的觸角自由延展，各自到達不同的世界，如此才能體味到讀書別具一格的趣味和愉悅感。

舒國治把「好玩」和「有趣」當作讀書的第一要義：「看書，須當如小孩時玩躲迷藏、扮家家酒一般有樂趣、有鋪排、有瘋鬧狂笑，如此方是好的看書。有情有趣地看書，才可以由兒時一直看到老境。無趣的看書，便只有有大耐心的學者可以做到。」

不局限於讀書，他把讀書的趣味也帶到生活這一本大書中。舒國治一九五二年出生，三十一歲起，他在美國展開了長達七年的浪跡之旅。結束旅行之後，他選擇了不上班亦不正經工作的生活，跟自己打了一個賭：「我只下一注——不上不愛上的班，不賺不能或不樂意賺的錢——看看可不可以勉強活得下來。」

於是，舒國治常常晝伏夜出，在別人睡熟之時到處晃蕩，去吃凌晨五點第一個出鍋的燒餅，去喝凌晨的第一杯豆漿。然後，在別人都出門上班的時候，回家酣然入夢。

如此遵從本心生活的人往往對日常生活中普通人忽視或習以為常的細節有著獨到、敏銳的洞察力，他們才是真正的生活家。在舒國治的生活哲學中，讀書不只是看書，心和眼到達之處便是閱讀，可以讀人、讀地方、讀自然風景……

原來，最值得認真品讀的書是生活本身。

「年輕的時候以為不讀書不足以了解人生，直到後來才發現如果不了解人生，是讀不懂書的。讀書的意義大概就是用生活所感去讀書，用讀書所得去生活吧。」

楊絳先生如是說。會讀書的人，便是會生活。學會讀書，何嘗不是在催促我們去學會生活、發現生活的趣味之處？

讀沈復的《浮生六記》，看芸娘溫婉秀麗，通達詩書，情趣高雅，同時也愛吃臭豆腐，愛女扮男裝跟丈夫出去遊玩。雖然芸娘與沈復的生活過得並不富裕，但兩人卻把日子過成了詩。反觀自己的生活，茶米油鹽，稀鬆平常，沒有大起大落的傳奇色彩，亦沒有風花雪月的一波三折，可若有芸娘那般心境，向美而生，平平淡淡的生活也能過得像花朵一樣。

有一次，我在書店翻書，無意間翻到松浦彌太郎的《放下包袱的輕生活練習》。其中談到，外界很多人猜測經營二手書店又是作家的松浦彌太郎應該有一座漂亮的書房藏書，沒想到他自爆自己只有《高村光太郎詩集》、亨利·米勒（Henry Miller）的《北回歸線》（*Tropic of Cancer*）和傑克·凱魯亞克（Jack Kerouac）的《在路上》（*On the Road*）這三本書。原來松浦彌太郎的藏書哲學一如他的生活哲學，即使很珍貴的物品，也不一定要擁有，只要珍藏在腦海或心裡，隨時都可以拿出來把玩。

看到這裡，我認真篩選了一下自己將要買回家的書，發現都是被第一印象勾起購買欲才想買的，其實自己並未真正了解書的具體內容，也並未去想自己是否真的需要。於是，我邁著輕快的步伐將那幾本書又放回了原處。

讀書的好玩之處就在於此，它總是給你的生活帶來些許的驚喜轉折，比如，拯救了我的錢包。

世人皆說讀書是向內的旅行，我們藉由讀書，去實現精神世界的完滿，去發現自己人生的閃光點。帶著對生活的熱忱去讀書吧，或者，帶著讀書的好玩和有趣去過生活。如此，我們便可以在精神世界的角落裡，自由自在地翩翩起舞！

最值得認真品讀的書
是生活本身。

學會慢活——有個拿得出手的愛好很重要

生活中美好的事物無處不在，想要挖掘並收藏這些美好，我們需要有一顆慢活的心，一雙會打理生活的手，更要有飽滿而持久的熱情。這樣一來，培養出一個拿得出手的愛好，既不是為取悅他人，也不是因為無聊打發時間，而是為生活增添情趣，讓自己的人生多一些點綴。

一個拿得出手的愛好，不僅是為生活加分，也是下半生的幸福之光，讓我們人生的每個角落永不貧瘠，總有花開。

好友 Kiki 是重度烘焙愛好者，用她自己的話說「那是深深植入骨髓的愛好」，難以捨棄。Kiki 的烘焙手藝更是在朋友圈出了名，每次發出烘焙的成品，都會被大家一搶而空。

Kiki 也樂於與大家分享自己的成果。她曾用自己烤的櫻桃杏仁蛋糕俘獲法國客戶的胃，緩解他們對合作夥伴的不信任，拉近了彼此的關係；即使是作為金主的甲方，她也曾用自己烤的各種小餅乾、小甜點給乙方的設計師們充電，吃過 Kiki 做的甜點的設計師們都讚不絕口，就算 Kiki 半夜打電話要求改稿，他們也毫無怨言。

Kiki 的「烘焙外交」一度被眾家好友傳為美談，Kiki 卻不以為然，她只是偶然見到別人喜歡自己做的甜點，才拿出來與別人分享，沒想到嘗過她做的甜點的人竟都被這美味俘獲了。

Kiki 只把自己當作烘焙業餘愛好者，研究甜點也是她的愛好；而這一愛好，恰恰彌補了生活與工作之間的那一分美好。她只不過是藉由烘焙甜點，給平淡的生活加點糖罷了。而在別人眼中，會烘焙的Kiki，不僅在工作上有聲有色，生活上也是精緻細膩，簡直是個閃閃發亮的女王。

你的愛好，也許看起來無用，實則卻是老天為我們留下的那道門；慢慢跨過那道門，也許你會發現一個不一樣的自己。梁文道曾經說過：「讀一些無用的書，做一些無用的事，花一些無用的時間，都是為了在一切已知之外，保留一個超越自我的機會；人生中一些很了不起的變化，都來自這個時刻。」

之所以這樣說，是因為很多人往往因為愛好無用論，而捨不得花時間和金錢在上面。看不到自己想要的收穫或回饋，就失去了堅持下去的動力。這樣的「愛好」，充其量只是興趣或喜歡。所謂拿得出手的才叫愛好，拿不出手的只能叫喜歡。

想要把一開始的興趣或喜歡，變成令人持久心動的愛好，單靠一時衝動是行不通的。很多時候，我們堅持自己感興趣的事情，是因為真的喜歡，並

萬事萬物皆有歡喜處，
世界上總有一個角落會令你歡喜，
吸引你為它長久地駐足。

非在乎它能為自己帶來多大的好處，我們更在意的是那種沉浸其中的自我滿足感。如此，就算在別人眼中毫不起眼的小事，我們也樂得花時間和耐心去打磨它。

待到它們「拿得出手，見得了人」的時刻，你一定會發現，它為你帶來的外在肯定和別人的稱讚只是錦上添花，那種靜下心來沉浸其中的自我滿足感才是愛好給你的最大回饋。

就像 Kiki 對烘焙的喜愛，有一次我問她：「為什麼那麼喜歡烘焙？做出好吃的麵包有什麼祕訣？」

Kiki 一臉認真地告訴我：「我最喜歡揉麵團的時刻，就跟你們都喜歡的冥想一樣。我在揉麵團的時候，感受麵團的軟硬、觀察麵團的氣泡和色澤，那樣一下又一下、小心地、慢慢地用力揉著，像是麵團裡面包裹著我的心，無比的熨貼和自然。每次揉轉麵團都是我與它的對話，也是我與自己的對話。麵團其實是有生命的，要學會跟麵團對話，才能做出好吃的麵包。」

Kiki的烘焙祕訣如此，一個拿得出手的愛好祕訣也是如此。找到一個真心喜歡的興趣愛好，然後不計成本地付出時間和耐心，用心打磨，你收穫的將不只是拿得出手的愛好；更重要的，還有脫胎換骨的自己。這樣的生活才是完滿的、高級的。

有人總是抱怨生活無趣和乏味，卻也不去創造和發現有趣的事，只是求個溫飽，然後舒舒服服地躺下來滑手機、看抖音消磨時間，但他們還是覺得空虛、不滿足；然而，也有人能創造樂趣，在平淡的事物中看到非凡的精采與趣味，他們自己就是人生快樂的製造機。

萬事萬物皆有歡喜處，世界上總有一個角落會令你歡喜，吸引你為它長久駐足。如果真有這麼一處，請放慢腳步，用心灌溉。把時間盡情浪費在這美好的事物上，你不僅會擁有一個拿得出手的愛好，還會收穫加倍的美好。

別走太快，錯過了那分歡喜；也別輕易走開，錯過了一場花開。

學會沉默——當你懂得沉默，成熟才剛剛開始

每每看史鐵生先生的《我與地壇》，我心裡最柔軟的那塊地方總會被撞擊：一個堅忍智慧的母親，雖然沉默，但她的愛卻無處不在，陪著兒子一起面對命運的拉鋸戰。

「我那時脾氣壞到極點，經常是發了瘋一樣地離開家，從那園子裡回來又中了魔似的什麼話都不說。母親知道有些事不宜問，便猶猶豫豫地想問而終於不敢問，因為她自己心裡也沒有答案。她料想我不會願意她跟我一

同去，所以她從未這樣要求過，她知道得給我一點獨處的時間，得有這樣一段過程。她只是不知道這過程得要多久，和這過程的盡頭究竟是什麼。每次我要動身時，她便無言地幫我準備，幫助我上了輪椅車，看著我搖車拐出小院；這以後她會怎樣，當年我不曾想過。」

母親沒有向兒子展現自己的難處，也從不叫兒子為她著想，更沒有因為兒子的消沉頹廢而大聲訓斥。她小心翼翼地收起自己的情緒，只是默默地看著兒子，有時候為了照顧兒子的自尊心，她就遠遠地望著。母親是用沉默無言的愛，等待著兒子從巨大的傷悲中醒過來。讀這本書的時候，我第一次領略到，沉默的愛比用言語表達出來的愛更有力量，更刻骨銘心。成熟的人，懂得運用沉默的力量，靜靜地守護自己所愛之人。

當你真正學會沉默，成熟才剛剛開始。

想想自己年少時，似乎表達欲很強，不管看到什麼、聽到什麼，都喜歡發表意見，迫切地想讓別人知道自己的想法，有時甚至會因為別人有不同的意見而據理力爭。

那時候，我身邊的朋友很多，無論做什麼都要叫上三五好友，彷彿一個人去做是無法想像的事；拍照總喜歡擺出各種如今看來浮誇古怪的姿勢和表情，生怕別人注意不到自己；下課的時候沒說完的話，上課之後用手機簡訊或者即時通繼續說，但其實聊的無非是一些雞毛蒜皮的小事……

如今，我越長大越明白，每個人的生活經歷不同，所謂的感同身受實在是朋友間難以企及的默契。身邊的朋友走走停停，留下的不多。現在的我，能自己解決的事就盡量自己解決；出去旅行，更喜歡拍拍風景、拍拍美食，把美景美食都儲存在記憶裡是更好的選擇；與朋友相處，學會了給對方和自己留下空間，時間彌足珍貴，不如多聊聊彼此都感興趣的話題。

不論是友情、愛情還是親情，沉默並不意味著關係變質或情感流失，而是關係變得比以前更成熟、更用心了。於是自己，不再像年少時那樣想融入各種圈子，不再想讓更多人看到自己，而是更願意把時間和心力用在獨處或是和喜歡的人相處。

網路世界裡，一石能激起千層浪，你在網上說過的一句話或許會招致鍵盤俠的狂轟濫炸。與其坐在電腦前或拿著手機，跟一群毫不相干的鍵盤俠脣槍舌劍，不如關掉電腦、放下手機，為自己和家人製作美味精緻的晚餐，陪家人度過美好的夜晚。

職場上，三五個同事聚在一起討論新上任主管的八卦，似乎不參加就是情商低和不合群。然而與其裝作感興趣的樣子，加入他們的八卦小分隊搬弄是非，引來主管或其他同事的反感，不如微微一笑，不動聲色地把自己分內的工作做好。

人生在世，不如意之事十有八九，不可能事事順心遂意。與其像祥林嫂一樣，逢人便哭訴自己的不幸，不如沉默地包容一切苦難，「常想一二，不思八九」，不抱怨、不惱怒、不強求、不悲憤——順其自然，隨遇而安。

所謂「沉默是金」，一個人即使再聰明、口才再好，也不可能得到所有人的支持和喜愛。放下執念，把一切交付給歲月。歲月雖無言，成長的腳步卻從未停止。慢慢地，你會發現，沉默才是保護自己最好的武器，時間則是治癒一切的良藥。

在成年人的世界裡，沉默是成熟的最好見證。對愛著的人，無言守護；對自己，在沉默中成長。對放不下的事，學著釋懷；對融不進的圈子，轉身離開；對想要達成的願望，踏實行動，順其自然；對想要見的人，靜心等待，一切隨緣……

真正成熟的人，從來都是不爭不搶，不卑不亢，不鬧也不惱，只以沉默的智慧相對，寂靜悠然，生出歡喜心。

成熟的人，
懂得運用沉默的力量，
靜靜地守護自己所愛之人。

學會優雅——擁有那些超越美貌的東西

如今，「少女感」可說是稱讚女性的最高級詞彙。「少女感」也一度成為中國女性競相追逐的高級美，尤其是時尚女星，不管是被動還是刻意為之，都在拚命打造和經營自己的少女人設。各大媒體或自媒體也緊抓「少女感」的熱點大作文章，比如化什麼樣的妝容可以讓人擁有滿滿的少女感，怎麼穿搭才能盡顯少女感，甚至五官的比例怎樣才能少女感十足……

不得不說，全民宣揚少女感，是審美的一種落後，也是審美維度的缺失。因為真正打動人心的美，是骨子裡的優雅和美麗，是超越年齡和美貌的，比少女感深刻得多、複雜得多。

若要優美的嘴脣，就要說友善的話；

若要可愛的眼睛，就要看到別人的好處；

若要苗條的身材，就把你的食物分給飢餓的人；

若要美麗的秀髮，就讓孩子的手指撫摸它；

若要優雅的姿態，就要記住行人不只你一個。

人之所以為人，是應該充滿精力的，能夠自我悔改、自我反省、自我成長，而不是抱怨他人。如果你需要一隻援助之手，你可以在自己的任何一隻手臂找到；隨著年齡的增長，你會發現你有兩隻手，一隻用來幫助自己，另一隻用來幫助別人。

這是全世界人民心中優雅了一輩子的奧黛麗．赫本（Audrey Hepburn）寫給女兒遺言的部分內容。細細解讀赫本璀璨傳奇的一生，我們可以窺見她在遺言中想要給女兒或者世人傳達的訊息：真正的優雅關乎心靈，無懼歲月流逝，是超越了美貌的存在。

想要學會真正的優雅，首先要明白愛自己的重要性，學會關愛自己，從自己的身上找幸福，而非將幸福寄託在別人或物質上。當一個人真正學會愛自己，生命之花才開始綻放。如今，年逾六旬的舞蹈家楊麗萍依然仙氣逼人，不僅沒有衰老的頹態，反倒比之前多了幾分韻味和篤定。時間贈予她的優雅便來自於她對自己內心的關愛，知道自己內心需要什麼，知道自己想要什麼樣的人生，這樣就可以放棄其他的，只追求自己想要的那種美。

一個人身上愛的能量，往往需要用愛自己來加持。只有足夠愛自己，才能有足夠多的愛去愛別人。如果常常忽視自己的內在感受，去迎合別人的要求，你小心維護著的不對等關係，不僅不會滋養你，反而會損耗你的生命能量。

首先要學會真正的優雅，其次是堅持自己所熱愛的事物。在喧囂浮躁的

真正的優雅關乎心靈，無懼歲月流逝，
是超越了美貌的存在。

世界裡，尋得自己的一處小角落，靜下心來做自己熱愛的事情，這簡直是莫大的幸福。於身於心，都是美妙的滋養，使內心得以豐盈。如此面對蕪雜的生活，也能生出從容且優雅的氣質。

日本茶道大家森下典子，從青澀的大學時代開始學習茶道，至今仍在悉心探索。學習茶道二十五年後，她把自己堅持學習茶道所獲得的十五種幸福記錄下來，並出版了《日日好日》一書與大家分享。

如此長久地堅持做一件事，再普通的事情也會變得非比尋常，何況是能修行身心的茶道。森下將人生最美好的二十五年都傾注於熱愛的茶道文化，而茶道給予她的，不僅有浸入骨子裡的優雅，還有如影隨形的禪學思想。這樣的未來，便真的是日日是好日了。

想學會真正的優雅，還要讓自己時刻保持自信與快樂。任何年齡的女人都有追求美的權利，哪怕皮膚不再精緻、頭髮蒼白、青春不再，依舊可以時尚且優雅。在紐約時尚圈風生水起的設計師琳達・羅丹（Linda Rodin），年輕時有著出眾的美貌和完美的身材，做過超模，當過造型師，如今年過七十的她，不僅是設計師，也擁有自己的護膚品牌。

在鏡頭面前，她絲毫不掩飾自己鬆弛的皮膚、額頭的皺紋、蒼白的頭髮，因為她有一顆時刻健康、自信的心。時髦的髮型、新潮的墨鏡，還有烈焰紅脣，讓琳達看起來氣場強大，自信、從容且優雅，美麗自然而然流露出來，絲毫不輸那些面容精緻的年輕人。

請記得關愛自己，持久地堅持自己所愛，時刻保持自信與快樂，優雅的氣質方能超越時光。就算美貌不能永恆，也能歷久彌新；眉眼間的靈動與美麗始於一顆優雅淡定的心。

外在的美貌是暫時的，唯有由內而外散發的優雅氣質能永恆存在。與其因為年齡增長和容顏衰老而自怨自艾，不如守住內心的優雅與從容，篤定地走下去。雨天聽雨，雪天看雪，無論遇到什麼樣的天氣，都能優雅從容、來去自如。

學會獨立——女人越獨立，活得越高級

二〇一四年，由吉高由里子和仲間由紀惠主演的晨間劇《花子與安妮》，成為年度收視冠軍，更是打破NHK十年收視紀錄。當時的我因為對劇中的原型人物村岡花子很感興趣，竟然追完了九十集的晨間劇。雖然這部電視劇是在講述女翻譯家村岡花子的翻譯生涯，卻也折射出了很多近代知識女性的生命軌跡。

最近，我又讀了《花子與安妮》的原著，不禁感慨良多。要知道，生活

在那個時期的女性，社會地位極其低下，甚至有妻子出行要走在丈夫身後三步、不能並肩的規矩。如果沒有雄厚的家庭背景和金錢資助，女人想要追求自己的理想和事業簡直是天方夜譚。

但是，村岡花子就是在這樣的環境中，在東京大森書齋昏暗的燈光下，在美軍接連不斷的轟炸聲中，完成了《紅髮安妮》（*Anne of Green Gables*）的譯稿。她曾經發願：當和平再次來臨，她要把紅髮少女的故事獻給每一個擁有夢想的女孩。後來，她的確做到了，《紅髮安妮》在日本出版後大獲成功，花子也因此獲得兒童文學藍綬褒章。

也許村岡花子自己並未察覺，她用自己的譯筆開啟了一個不同於過去的新女性時代。女人也可以有自己的理想和事業，並有為之努力奮鬥而獲得幸福的權利，而非依賴男人。花子用她的一生告訴我們：女人一旦獨立，就再也不需要什麼踏著七彩祥雲來接她的蓋世英雄，因為她自己就是英雄。

只要學會獨立面對這個世界，努力做到經濟獨立、思想獨立、人格獨立，妳就獲得了選擇生活的主導權，並且將其永遠牢牢把握在手中。越是獨立的女人，活得越高級。

西蒙・波娃（Simone De Beauvoir）曾經說過：「女性實現自我、獲得解放的先決條件，是經濟上的獨立和自由。女性的解放首先要完成女人經濟地位的演變。如果沒有實現經濟自由，那麼，女性獲得的不過是抽象、空洞的自由。」

經濟上的獨立能給女人更多的安全感，無論面對的生活境況如何，都有底氣做出自己想要的選擇；這才是真正的自由。

沒有人能成為妳一生一世的避風港，只有自己才是自己最後的庇護所。無論未婚還是已婚，妳都要有自己過好日子的能力。前段時間，大城市女性買房比例飆漲的新聞引發熱議。某房地產平臺調查發現，如今的買房交易中，百分之四七・九的買家是女性，其中高達百分之七四・二的女性在買房時並沒有接受伴侶資助，百分之二九的女性能夠獨立支付買房費用。

只要學會獨立地面對這個世界，
努力做到經濟、思想、人格獨立，
妳就獲得了選擇生活的主導權，
並且將其永遠牢牢地把握在自己手中。

歸根結底，女性努力想買的不是房子，而是一個可以獨立自主的人生，可以霸氣地對那些在背後議論自己生活的人說：「房子我自己買得起，我的人生也可以自己埋單。」

思想獨立則意味著不依附別人，有自己追求的事業，有主見，並且有勇氣選擇自己想要的生活。亦舒筆下的女子，大都如此，她們大多是白領族，事業上毫不遜色於男人，理性而克制，可以和男人平分天下。面對感情，她們更是不卑不亢。雖然有時候人的確需要感情的慰藉，但這些女子絕不把感情當作生活的必需品。喜歡就在一起，不喜歡就分開，做出順從本心的選擇，從不後悔，更不會回頭。就算被背叛、被拋棄，大不了關起門來痛哭幾天，然後哪裡跌倒再從哪裡爬起來，收拾心情，重回人生的大舞臺，舞出自己的精采。

一個擁有獨立人格的人，清楚知道自己內心想要什麼和不想要什麼。自己的生活從不需要別人來貼標籤，能決定自己可以成為誰的那個人，只有自己。就像電影《享受吧！一個人的旅行》（Eat, Pray, Love）裡的麗茲（Liz），本來過著人人羨慕、安穩富足的生活，但所有的一切都非她想要的，於是，她選擇踏上旅途去尋找自我。一路上，她忠於自我，充分地寵愛自己，勇敢地面對自己，寬容地原諒自己，終於分別在義大利、印度、峇里島收穫了美食、祈禱與愛。

任何人，在任何時候，都要學著讓自己獨立，特別是女人。因為經濟獨立可以使妳在面對未來時更有底氣，思想獨立可以讓妳擁有從容不迫的人生態度，人格獨立則能讓妳擁有不想做什麼就可以不做的真正自由。

學會獨立是通往高級感人生的唯一路徑。對於女人，獨立的人生意味著對自己人生強大的駕馭力，意味著更廣闊的自由，更意味著高級感的人生。因為真正的安全感，永遠來自於內心的獨立和自我滿足。任何時候，請相信，獨立勇敢的妳值得收穫一個更好的、更高級的人生。

03

高級感的情緒

理直氣壯地安排自己的人生，
擁抱當下的時光，
走向更廣闊的未來。

停止負面——保持平和的心態

你身邊是否有這樣的有毒朋友？

他們總是負能量爆棚，每次聊天都是各種抱怨、各種不滿，滿腹牢騷。他們總關注事情消極的一面，從來沒有看到過生活的閃光點和小確幸；而且他們從來不接受別人的建議，拒絕做出任何改變。每次和有毒朋友交流完，自己的心情也會受影響，變得情緒不佳，失去前進的動力。

當朋友遇到問題時，幫他們解決問題固然重要，但最重要的還是提醒有毒朋友及時控制自己的負面情緒，時刻保持一顆平和淡然的心。這樣，不論是對朋友，對你，還是對你們之間的友誼，都有好處。

阿德勒（Alfred Adler）在其《自卑與超越》（*What Life Should Mean to You*）中談到：「身體可以影響精神，精神也可以影響身體。」

負面情緒，包括焦慮、緊張、憤怒、悲傷等，如果長期處於這種消極的情緒之中，身體也會產生不適感，甚至損害身心健康。人生苦短，別和自己的情緒過不去，更別成了情緒的奴隸。

但是，如果你正處於負面情緒中，一味地抗拒只是暫時之功，負面情緒不會就此停止，它還會伺機重來。一定要坦然面對，找到其根源，才能恢復平和的心態。

在人際關係中，人們常常面臨因為情感需求未被滿足而產生的憤怒、委屈或不滿等負面情緒。比如朋友為了炒熱氣氛，說了些並無惡意的玩笑話，別人都哈哈一笑過去了，但你卻當真了，認為朋友說的玩笑話是故意想讓你出糗，瞬間陷入負面情緒的漩渦，一有機會就指責、抱怨或攻擊那位朋友。長此以往，大家都不敢輕易跟你開玩笑了。這並不是你想要的結果，因為負面情緒依然存在，你又會為了沒人跟你開玩笑而生氣、鬱悶。

其實從一開始，你就應該放下那些指責、抱怨或攻擊，覺察自己之所以出現負面情緒的原因，也覺察自己的內在需要，坦然面對自己希望被關注、被尊重、被了解的事實。你會發現，負面情緒改善了許多，你的心態也平和了許多。

許多人對自己要求太高，過於追求盡善盡美，無法接受不完美的結果，進而憤世嫉俗或遷怒於別人。比如你勤勤懇懇地工作了一整年，全勤獎眼看唾手可得，卻沒想到在年末幾天，因為重感冒不得不請幾天假，全勤獎插翅而飛。你接受不了這個結果，一時被憤怒的情緒沖昏了頭腦，要麼辱罵公司的請假制度，要麼懊悔自己關鍵時刻掉鏈子，要麼埋怨家人為何不戴口罩，把病毒傳染給你。結果，憤怒的情緒雖然得到宣洩，但在這個過程中，你自

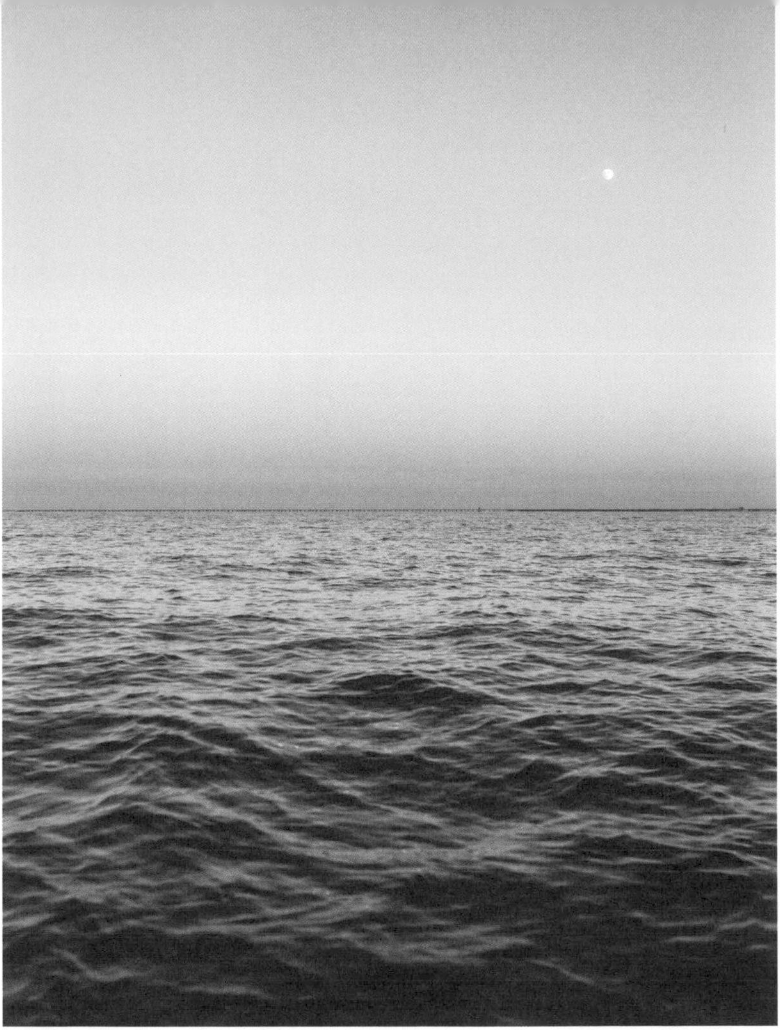

一個人只有在平和的心態下，
才能做出正確的、
忠於內心的選擇。

己是痛苦的。

憤怒需要釋放，所以你選擇攻擊自己或遷怒別人。這時候，不如放平心態，檢視一下自己的內心，是不是需要對自己寬容一點？是不是需要為自己的生活做做減法？該放下的放下，這樣你會過得更輕鬆、更自在。

身處不同的環境，提高情緒自制力，擺脫負面情緒的傷害，這是每個人的人生必修課。當你面臨負面情緒時，可以找一個安靜的地方，深呼吸，安定一下躁動的內心，覺察自己的情緒，對負面情緒勇敢說「不」。

同時，鼓勵自己，不輕易否定自己。必要的時候，你還可以尋求家人或朋友的幫助，嘗試一切辦法，只為回到最初平和的心態。畢竟，平和的心態是最基本的情緒狀態；一個人只有在平和的心態下，才能做出正確的、忠於內心的人生選擇。

擁有平和的心態，我們才能專注於自己正在做的事，才能寵辱不驚、安之若素。試想一下，如果外科醫生無法保持平和心態，手術如何成功？醫生怎能成功救死扶傷？在一個團隊裡，如果主管做決策時，總是患得患失，無法保持心態平和，團隊怎麼能有良性發展？身在職場的你，面臨工作挑戰時，如果無法保持平和心態，便無法靜下心來認真分析具體情況，失敗的結局已然注定。

不管是對別人，還是對自己，保持平和淡然的心境永遠是減少負面情緒的最佳藥方。面對人生的每個時刻，都要保持隨時、隨性、隨遇、隨緣、隨喜的心性，這樣你就能做自己情緒的主人，而非讓負面情緒控制你的生活。

停止付出——愛有時意味著拒絕

受邀去一對已婚朋友家吃飯，本來我很納悶：這對夫妻朋友都不擅長做飯，平時也不怎麼開伙，怎麼會邀請我去家裡吃飯？後來得知，原來朋友的媽媽這段時間剛好在他家小住。熱情好客的伯母得知家中有客人要來，早早就去市場買菜，待我中午到朋友家，滿滿一桌子菜已經準備齊全。聞著菜香，我一邊讚美伯母的廚藝，一邊幫忙端菜上桌。

伯母被讚美後，笑得合不攏嘴。可當我們開始吃飯時，她卻說要收拾廚房，遲遲沒有來和我們一起吃飯。朋友說，自己的媽媽不論在哪兒都是如此，可以準備一大桌子菜毫無怨言，但是讓她上桌吃飯卻是完全不可能的事。對此，我的那對朋友似乎早已習以為常，他們自顧自地夾菜吃飯，全然不管獨自準備了一大桌子菜的辛勞母親。那頓飯菜很可口，可我卻吃得極不自在。

這也許就是中國父母的悲哀，他們把自己的全部付出給孩子，得到的卻是孩子把這種付出當作理所當然，絲毫沒有對父母的感恩之心。反過來，在父母這一輩的傳統觀念裡，他們恥於享受，更不敢享受，一定要讓自己很累很苦才感覺有付出。一開始，他們故意忽略自己的需求，慢慢地，他們就會忘記滿足自己的需求，澈底失去了自我感。

我真想告訴那位伯母：停止付出，拒絕無休止的付出，您需要好好愛自己。已經為孩子、伴侶、家庭付出了幾十年，是時候讓自己休息享受了。

在親密關係中也是如此。如果只是親密關係中的一方一味地付出，這種付出要麼會變得很廉價，要麼會給伴侶帶來無形的壓力。

巫啟賢在他的歌曲裡唱道：「愛那麼重，愛那麼痛。」為什麼愛得重了深了，人反而會覺得痛？因為愛得越重越深，對方越會覺得你的愛不重要。心理學上的「德西效應」（Westerners effect）就是這個道理。也就是說：在所有關係裡，單方面一味地付出，不但得不到預期的回報，還會讓對方感到理所應當。

而殺死大多數婚姻的匕首，就是所謂的「理所應當」。一方掏心掏肺地付出，不計任何代價，也不求任何回報；另一方則是視若無睹，甚至冷漠相對，絲毫不關心對方的辛苦與不易。如此失衡的親密關係注定不會走得長遠。

武志紅在他的《巨嬰國》一書裡談到：「伴侶關係的根本邏輯是親密。親密，只能透過真實和敞開達到，而付出卻沒有這個功效。相反的，因為你不斷付出，會給對方造成內疚感，結果導致對方更加想遠離你。」

每個人都有獲取幸福的能力，完全不必靠一味地付出和忍讓，來從別人那裡索取幸福。在我看來，這種一味付出的愛，本質上是一種依賴，是一種被動的愛，這樣的愛充滿委屈和犧牲。而比較健康的愛則是：因為我愛你，面對你的需求，我會做到盡我所能，做到問心無愧；而非超我所能，不惜一切代價讓你滿意。因為我也愛自己。

愛有時意味著拒絕。面對對方的需求，如果很難做到，或超出了自己的能力範圍，你完全可以跟對方溝通，拒絕對方。而不敢拒絕，本質上是一種不自愛，是看不起自己。

不敢拒絕的人不相信自己的拒絕並不影響自己被愛，不相信自己除了為對方付出一切外還有很多閃光點。要知道，你已經滿足對方很多需求了，一次拒絕並不影響對方愛你，反而會讓他覺察到你也會累，也需要被滿足。

如果你習慣了一味付出，不知道該怎麼拒絕對方的要求，那麼不妨從小事做起，嘗試堅定地表達自己的需求和想法。比如面對對方的要求，你可以告訴他：「我沒有時間和精力做……」、「我很累，不想做……」、「我做不到……」

這樣的拒絕並不意味著你不尊重對方的需求，也不意味著你不願意為你們的關係付出妥協，而意味著你是在愛自己、尊重自己的基礎上愛對方、尊重對方。你們的關係並不會因為你的一次拒絕而瀕臨結束，反而會更長久、更牢固。

不論是親情、愛情還是友情，好的關係會讓兩人越變越好。好的關係的結局一定是雙贏的，絕對不是建立在一方的付出和犧牲之上。如果在一段關係中，需要你沒有尊嚴、無休止地付出，那麼這段關係多半是有問題的。

所以，不論是在親情、愛情還是友情關係中，我們都要學會愛自己。愛自己，做自己，會適時地拒絕，這才是對別人真正的愛。

愛自己，做自己，
會適時地拒絕，這才是對別人真正的愛。

停止懷疑——悅納自己

在看過渡邊直美以前，我無法想像一個身高一五七公分、體重超過一百公斤的女子竟然可以與「美」這個詞語聯繫在一起。

在偏瘦女性較多的日本，按照世俗的標準，渡邊直美應該是人人都會嫌棄的。中學時期，她也確實因為肥胖被同學欺負過，還曾想過自殺。

後來，一位前輩告訴渡邊直美，這個世界上，比堅持更重要的就是自信。果然，自信起來的渡邊直美悅納了自己，她不再介意自己是個胖女孩，而是以實際行動告訴世人，胖女孩也有高級審美。氣場全開的她，有著超強的創造力，不僅在搞笑藝能界大放異彩，還設計了自己的潮流服飾品牌，不斷地刷新日本搞笑女藝人的高峰。

在這個以瘦為美的世界，不是每個人都能像渡邊直美那樣悅納自己，走出不一樣的人生，畢竟連粉絲眾多的女明星都在塑造自己光吃不胖的人設。但是當渡邊直美酷酷地說「也許你不一定喜歡我，但我對自己超滿意」時，我忍不住為她拍手叫好。接受自己的不完美，愛上自己的所有，悅納自己，重新找回自信的力量，女孩們都可以終生美麗。

想起我的一位女性好友，人稱「仙女」。之所以叫她仙女，是因為她為了保持姣好的身材，一直堅守高度自律的生活方式。她從來不參加好友聚餐，因為她怕自己忍不住會多吃。偶爾參加下午茶小聚，但也只是謹慎地抱著一杯熱量最低的黑咖啡慢慢啜飲，甜點更是她的大忌。她從來不讓自己吃飽，如果有一次沒忍住，吃了頓飽飯，她會連續三天不吃飯來懲罰自己。

其實她曾夢想成為出色的美食博主，每天做好看又美味的便當給自己和家人。她在 Instagram 上關注了很多美食博主，平時最愛看料理製作影片。好友們都好奇既然喜歡為什麼不去做，後來也都理解了，畢竟在她高度自律的生活中，烹飪會為她的節食計畫帶來很大的干擾。

每個人都有自己的執念，在執念面前，一切都得讓路，比如仙女的執念是身材和體重，而我的執念是家裡的貓。

某次被老闆臨時外派出差，我只好將家裡的貓託付給住得最近的仙女，拜託她幫我照顧幾天。臨走前，還不斷開玩笑似的囑咐她：我家主子不怕胖，每頓都要讓牠吃得飽飽的，別限制太多。仙女哭笑不得。

待我出差回來，去接貓咪時，仙女竟然主動開口要我請她吃飯，作為這幾天伺候貓咪的謝禮。零飯局的仙女要下凡了？看到我很驚訝，仙女說：「這幾天，我觀察貓咪的生活狀態，反思了一下自己的生活狀態，才發現我每天都在懷疑自己有沒有長胖、有沒有變醜，從來沒有認真地看過自己，更

接受自己的不完美，愛上自己的所有，悅納自己，
重新找回自信的力量，女孩們都可以終生美麗。

沒有真正喜歡過自己。」

「你看，」她指著正在靜靜梳理自己的貓咪說，「牠每天都會坐在一個柔軟溫暖的地方，梳理自己身體的每一處毛髮，慢慢地，一絲不苟地，充滿了儀式感。我好像從來沒有靜靜地、認真地看過自己的身體，梳理過自己的內心。有一次我試著像貓咪一樣，對著鏡子仔細地看自己的身體，我竟然發現一直討厭的法令紋其實沒有那麼討厭，甚至還喜歡上它們，那是我跟媽媽相像的地方；我的上臂有些贅肉，那也不妨礙我穿喜歡的細肩帶；我的雙手不夠細長白皙，但是它記錄著我做過的每件事情。我又想起了自己曾經的夢想，想著我的雙手可以慢慢地幫助我去實現它……」

沒想到，我家貓咪竟然跨次元喚醒了一個沉睡的仙女。說幹就幹，仙女開發出體內隱藏的潛能——做美食料理。不到半年，微博粉絲數竟然呈指數增長。雖然她依舊會控制飲食，但是碰到喜歡的食物也會允許自己多吃一點，慢慢咀嚼，體驗味蕾綻放的幸福感。她慢慢地「回歸人間」，回到好友聚會中。獨處時，享受獨一無二的孤獨時刻；和朋友聚會時，則放開自己，享受有人陪伴的幸福感。

後來的仙女不但沒有變胖、變醜，反而氣色更好了，素顏都像是自帶妝感。因此，發自內心的快樂和幸福感是最好的養顏祕方，而這種快樂和幸福來自於對自己的欣賞和接納。

接受自己並不完美的事實，再也不用為自己的缺點掩蓋或粉飾，因此變得輕鬆愉悅；承認自己並沒有那麼偉大，不再急著去證明什麼，一步一步腳踏實地往前走，人生會收穫更多風景；別在意別人怎麼看自己，大膽去追求自己想要的生活；停止對自己的懷疑和成見，接納完整的自己，找到適合自己的節奏，精進自己的人生。

當你悅納了自己，慢慢地靜下來，學會低下頭對著一朵花微笑，仔細嗅聞它的香氣，輕輕撫摸它的花瓣，你就會發現，幸福從來都是溫柔又柔軟的東西啊！

停止焦慮——你可以無比自由

根據英國權威醫學雜誌《刺胳針》（*The Lancet*）的預測，中國約有五千萬名以上的焦慮症患者。焦慮症是一種病理性焦慮，患有焦慮症的人尚且這麼多，被焦慮情緒困擾的人一定更多。我們大多數人所經歷的焦慮，都是焦慮情緒。

焦慮，已成為當下的時代病。無論是身家千百億的網際網路大佬、粉絲眾多的名人明星，還是默默無聞的普通人，無一不被焦慮情緒所沾染並控制。

學生時代，每次考完試都會反覆回想自己答的題目，懷疑自己是不是選錯了選項、答案有沒有寫對位置、班級座號和姓名是不是忘記寫……整個人緊張又憂慮。

工作後，面對有挑戰性的專案，夢裡都會夢到自己加班趕進度的場景，甚至會半夜驚醒，生怕自己失敗。

看到周圍的朋友、同學紛紛結婚生子，加上被父母和親戚長輩催婚催生，每到過年等節假日回家前都焦慮不已，回到家更是度日如年。

焦慮來自我們害怕生活中潛在的不確定性，當然，適當的焦慮能喚起人的危機意識，能讓我們對未知的事情做好準備。但是過度焦慮會讓人擔驚受怕、無所適從，因而變得身心疲憊、脆弱自卑，失去掌握自己生活的自由，更失去了幸福感。

關於如何緩解過度焦慮，從而獲得廣大的自由，從事心理諮詢工作的朋友曾告訴我：

首先，在紛繁的生活中找回自我。現代社會裡，每個人都像上了發條，每一天都神色匆匆，去處理焦頭爛額的工作，去參加朋友組織的聚會等等。表面上的匆忙和熱鬧，實則掩蓋了內心的焦慮和空虛，很少有人停下來靜靜和自己待一會兒。其實，獨處時內在的交流，可以讓我們更了解自己。只有充分知道自己想要什麼，從心而動，我們才會真正明白，幸福就是自由選擇自己想要的生活。

其次，學會不思考。日本東京月讀寺住持小池龍之介，在其《不思考的練習》中教人們練習不思考。小池所謂的「不思考」並非真的不思考，而是引導人們只思考當下之事。比如跑步時就只思考如何跑步才能不傷膝蓋、思考跑步的呼吸節奏等等。簡言之，就是只思考當下，既不為過去的事情迷惘，也不為未來的事情憂心。

再者，找到自己真正喜歡做的事情。如果一個人沒什麼興趣，他的生活一定會被空虛填滿。沒有自己喜歡做的事情，就彷彿在世界的坐標系中無法找到自己的定位，內心的焦慮和空虛是必然的。只有找到自己真正喜歡做的事，並埋頭鑽研，才會獲得內心的幸福和豐盈。一個人只有內心足夠豐盈，才能抵擋生活的虛無。

最後，重新找回生活的控制感。當我們覺得自己的生活是可以控制的時候，便能感到自由。一般當人面臨一些比較棘手的問題時，內心的焦慮感會直線上升。這時候，緩解焦慮的辦法不是置之不理，而是靜下心來將大問題拆解成若干個小問題，制訂計畫，一步步地攻克難關，直到事情解決。這不僅可以緩解焦慮情緒，還能帶來正向的激勵效果，讓我們更有信心面對生活的下一次挑戰。

人生就是一場大型的布朗運動（Brownian motion），其中各個因數都會朝著不確定的方向運動，沒有人能預知人生下一個轉彎處會有怎樣的風景，如同沒有人知道下一顆巧克力的味道。所謂完美計畫的人生，根本不存在。

然而，正是這種不確定性，才使得每個人的人生都擁有各自的獨特與美妙。別怪這個世界太冷漠，其實終究是我們自己不放過自己。與其把別人眼中的完美人生當作聖經，不如信仰自己定義的自由，擺脫焦慮情緒，然後理直氣壯地安排自己的人生，擁抱當下的時光，走向更廣闊的未來。

如果你的人生正逢低谷，就把它當作是神賜的假期，你可以慢下來稍作調整，但是不要走開，因為下一秒可能就是假期結束的時刻；哪怕你身邊的朋友已經遙遙領先於你，不要著急，不要沮喪。要知道，每個人、每件事都有自己的節奏，你不需要照著別人的腳印走，你只需要找到自己的人生節奏，然後堅定地走下去。

停止無用的焦慮，只有你自己，才是人生的掌舵者。正如日劇《長假》中最常說的那句臺詞「Don't worry，be happy」，何不自由快樂地過一生呢？

與其把別人眼中的完美人生當作聖經，
不如信仰自己定義的自由，
擺脫焦慮情緒，
然後理直氣壯地安排自己的人生，
擁抱當下的時光，走向更廣闊的未來。

停止合群——學會與自己相處

美國維吉尼亞大學（University of Virginia）曾做過一項關於獨處的心理實驗，實驗結果表明，人們寧願被電擊也不願意和自己獨處。

實驗的過程是：把受試者關在空蕩蕩的房間十五分鐘，房間裡面有一個電擊器，受試者在進入房間前曾體驗過電擊，被電到的人紛紛表示不會再碰電擊器第二次。可令人驚訝的是，百分之六七的男受試者和百分之二五的女受試者在十五分鐘內再次按下了電擊器。人們寧願遭受不愉快的電擊，也不要一個人無聊獨處。

獨處是一種能力，然而很多人不具備，為了避開獨處的時刻，他們會去迎合別人、被動地社交，箇中滋味，也只有他們自己知道。叔本華（**Schupenhauer**）在《孤獨通行證》（*Lonely Pass*）裡寫道：「獲得幸福最錯誤的方法，莫過於追求花天酒地的社交生活。」

對於很多喜歡獨處的人來說，低品質的合群不如高品質的獨處。只有在獨處的時候，我們才是百分之百地跟自己在一起，才能達到內心真正平和與安寧的境界。

從小在富裕家庭中長大的童書畫家塔莎．杜朵（Tasha Tudor），一點也不熱衷於上流社會觥籌交錯的社交生活，她說：「與其參加一場無聊的派對，還不如給我一頭牛來餵養。」

她也不熱衷於學校無聊的集體生活，十五歲便退了學，在藝術家父母的薰陶下，塔莎在繪畫、建造和藝術方面有著驚人的天賦。尤其去鄉下的朋友家住過之後，塔莎更堅定自己未來想要的生活——繪畫、耕種、紡織……總之，就是要回歸田園。

五十六歲那年，塔莎如願搬往自己魂牽夢縈的佛蒙特州（Vermont），在近十平方公里的荒野裡，建起了十九世紀風格的農家和穀倉，還修整了庭院，在茂密幽深的樹林裡逐步規劃和建造了花園、果林、菜圃、池塘。她的花園遍布花朵，有薔薇、鬱金香、玫瑰、山茶花等；院子裡種滿了果樹與蔬菜，到了秋天收穫的季節，累累的果實隨處可見；夏日的池塘裡，睡蓮悄悄綻放，宛若置身於莫內的畫中。

塔莎以自己的田園生活、農場的小動物、花草等為藍本，創作了許多清新脫俗的插畫，出版了一百多本書，深受讀者喜愛。沒錯，塔莎·杜朵就是塔莎奶奶，曾被日本媒體譽為最受憧憬的女性人物第一名。

遠離無意義的社交，回歸內心的安寧。這並非是對現實世俗的逃避，也非消極厭世，而是更勇敢地走向自己的內心。從塵世的喧囂中抽離出來，找到與自己相處的方式，過自己想要的生活，不用再去刻意迎合，也無須再去被動地社交應酬，收穫的是一分淡然、一種生機盎然的生活和全新的自己。

生而為人，我們大部分時間都是和自己在一起。學會享受獨處的樂趣，就擁有純粹的自由。獨處時，我們可以聽音樂，閉上眼睛，讓自己在音樂的海洋裡隨意漂流；我們可以學習一項自己感興趣的技能，給生活添一點色彩，不斷拓寬人生的道路；我們甚至可以什麼也不做，無所事事地發呆靜坐……一切都由自己決定，這是我們的自由。

作家陶立夏說：「太多的答案不在外面的那個世界，而在你的內裡。沉潛於你的孤獨，終有廣闊的那天。」

很多時候，我們尋找、彷徨，不過是想找到一個屬於自己的出口，走出陰霾。然而，那個出口不在外面的世界，也不在別人那裡，而是在我們的內心，而走進內心的唯一方式就是享受獨處。

日本電影《小森食光》中，從小在山裡的村莊小森長大的女孩市子，因為無法適應大城市的繁華和喧囂而回到小森生活。她利用山川鄉野的各種食材，加上媽媽傳授的經驗和自己的手藝，做出各種小森專屬的美食。每次看市子做料理，看著她專注其中的樣子，我的心也會跟著安靜下來。市子最終在日復一日的獨處時光中，找到了自己與這個世界相處的方式。

叔本華在《從悲劇中開出幸福花朵的人生智慧》（*Aphorismen zur Lebensweisheit*）裡也談到關於獨處的問題：大致而言，一個人對與人交往的熱衷程度，與他智力的平庸及思想的貧乏成正比。人在這個世界上要麼選擇獨處，要麼選擇庸俗，除此之外，再沒有其他選擇了。

獨處時，享受孤獨，卻不因寂寞而自怨自艾，始終保有對生命的赤誠和對生活的熱忱。千萬不要因為害怕獨處的孤獨與寂寞，假裝自己很合群。因為你假裝合群的時候，不僅弄丟了自己，而且過得一點也不快樂。

生而為人，
我們大部分時間都是和自己在一起。
學會享受獨處的樂趣，
就擁有純粹的自由。

停止浪費——把時間分給重要的人和事

一天有二十四小時，一年有三百六十五天，時間對每個人都是公平的，我們擁有同樣的時間。只是有人把二十四小時過出了雙倍的價值，既有過去可追憶，又有未來可期許；而有人卻過得渾渾噩噩，白白浪費了光陰，直到最後才感嘆時間都去哪了，對人生交出了一張不及格的成績單。

你把時間花在什麼地方，決定你會成為什麼樣的人。如果把時間分給重要的人和事，你就會成為一個更好的自己。因為重要的人是我們所珍視的人，他們或許是帶給我們溫暖的家人，或許是陪伴我們的伴侶或朋友，又或許是激勵我們成長的師長；而重要的事，則是能使我們獲得成長或提升的事情。

沒有人生來就是人生贏家，人生贏家之所以能打出精采的人生棋局，唯一的祕訣就是不把一分一秒浪費在無意義的事情上，而是把更多的時間放在重要的人和事上。

學生時代，我經常去圖書館看書，每天都會看到一對情侶早早地坐在自習室裡。我偶爾經過他們的座位，看到他們在準備 GRE 考試。每天早上，我是第三個到達自習室的，而他們則是第一個到的，就連週末也是如此。也就是說，當大部分人還在美夢中流連忘返時，他們已經在背英語單字備考了。正所謂一日之計在於晨，研究表明，一個人一天之中最有效率的時間便是早晨。對這對情侶來說，最重要的事情就是備考 GRE，在早晨背背單字、記記文法，無疑能發揮事半功倍的效果。

要知道，在大學相對自由的環境裡，很多人都在忙著享受高考前未能享受過的「自由」——談戀愛、追劇、打遊戲——只有少數人早早就明白了大學的意義，他們先於同齡人確定了自己最重要的事情是什麼，並且把每天最好的時間分配給它；而那些還享受著象牙塔歡樂時光的同齡人們，則迷失在玩樂的世界裡。人生從這裡有了差距。

還是那對情侶，雖然他們天天泡在圖書館裡，但兩人絕不是那種一天到晚死讀書的書呆子。我第一次對他們感興趣，就是看到女孩在專注地刻橡皮章，她在刻一隻可愛的貓咪，男孩則在一旁認真地看教科書。有時候情況會反過來，女孩在認真地複習功課，而男孩在看村上春樹的《1Q84》。大概，刻橡皮章和看書就是他們各自的娛樂放鬆方式。

每個人都需要選擇一個自己真正喜歡又有意義的娛樂方式，因為日後或許會換來一技傍身。也許我與那對情侶特別有緣，後來我又在某個創意市集遇到他們，女孩在擺攤賣自己親手刻的橡皮章，男孩也沒閒著，他在旁邊賣

把時間花費在有意義的習慣上，
比如跑步、看書、寫日記或自己動手做飯，
儘管這些生活中的愛好或娛樂有大有小，
但同樣能改變生命的質地。

看過的書，每本書上都貼著便條紙，上面寫著他的推薦心得，看得出來他曾認真讀過那些書。

市集上，有顧客前來詢問，他們就熱心地推薦解答；沒有人光顧時，兩個則說說笑笑。看起來，他們把擺攤當成一種放鬆娛樂的方式。

吳淡如說過：「你選擇的娛樂方式，不知不覺間決定你的未來。」

把時間花費在有意義的習慣上，比如跑步、看書、寫日記或自己動手做飯，儘管這些生活中的愛好或娛樂有大有小，但同樣能改變生命的質地。

我的朋友裡也不乏跟那對情侶一樣的人。他們儘管交友廣泛，但從來不把時間浪費在無意義的社交上。他們明白，對自己來說，哪些朋友才是志同道合的，才是值得結交的、值得信任的。對於重要的人，他們從不吝嗇自己的時間，因為與能互相理解、志同道合的朋友在一起，無須耗費心神，就能收穫雙倍的快樂與成長。

有人已經到了中年，還保持著火辣的身材；有人年紀輕輕就賺了一大筆錢，累積了一定的財富；有人在學生時代就可以發表專欄，成為擁有萬千粉絲的網路名人……

看到這些，先別急著抱怨命運的不公，別急著羨慕，請先反思一下自己的時間是如何利用的，想想你是否把別人用來健身、學習理財、寫作的時間，用在了對你來說更重要的人和事上。

世界上，什麼都可能不公平，但唯獨時間最公平，你付出的時間和精力都是對美好未來的累積。別浪費有限的時間，做自己時間的主人，把更多的時間分配給重要的人和事，人生的改變由此開始。

04

高級感的職場

只有真正熱愛，又適合自己天性，
才能日復一日長久地堅持下去。

要規劃——想做的事和該做的事

最近，由吉高由里子主演的日劇《我要準時下班》迎來收視高潮。吉高妹妹飾演的東山結衣，身為日本第二大網頁製作公司的專案總監，每天按時打卡、準時下班，休完所有帶薪年假，簡直是社畜界的一股清流。

東山之所以能每天準時下班，一方面是由於她對升職加薪的佛系心態，更重要的是，她在上班時間好好工作，全力以赴，如她自己所說：「當天的工作，我都好好做完，有緊急的案子我會應對，需要的時候也會加班，雖然只是偶爾。」

如果我們能把每天的工作規劃好，分清該做的事和想做的事的先後順序，我們也可以享受準時下班的美好生活。先做該做的事，再做想做的事，因為很多時候，如果不先做該做的事，以後我們就做不成想做的事。

儘管有時候該做的事會比較棘手，或者不是我們的興趣所在，但是我們需要經由做該做的事來訓練自己的心，學會堅持、包容和忍耐的品格。然後，才迎來做想做的事的圓滿時刻。

小時候，寫作業是我們該做的事，而我們想做的事是看電視或打電動。每天放學後，老師總是叮囑我們先做完作業才可以看電視或玩耍。有的同學很聽老師的話，回到家先專心寫作業，然後才打開電視看動畫，心裡毫無負擔地看是最開心的。有的同學既想寫作業又想早早看電視，於是回家就打開電視機，邊看電視邊寫作業，結果是作業寫得不工整，錯誤連篇；動畫也看得不盡興，有好多情節都不記得。有的同學禁不住電視的誘惑，一回到家就看電視，沒想到動畫太好看，寫作業的事一拖再拖，被爸媽罵或者催了，才去寫作業，直到很晚才睡覺；第二天又提不起精神，還由於寫作業偷工減料被老師批評。

寫作業還是看電視，看似小小的問題，背後隱藏的卻是時間管理能力和職場規劃能力。原來這是我們小時候就應該懂得的道理——先做完應做之事，是我們實現做自己想做之事的必要條件。

史蒂芬·柯維（Stephen Covey）提出的四象限時間管理法，按照工作的緊急性和重要性，將工作分為四個象限：第一象限是緊急且重要的事情，第二象限是不緊急但重要的事情，第三象限是緊急但不重要的事情，第四象限則是不緊急又不重要的事情。

本章所說的「該做的事」應該屬於前三象限，「想做的事」則對應第四象限。

一項工作是否緊急，取決於這項工作是否一定要在某個時間點之前完

先做該做的事，再做想做的事，
因為很多時候，如果不先做該做的事，
以後我們就做不成想做的事。

成；重要與否，則取決於這項工作是否應該做，或者是否對自己的提升有所幫助。

每天開始工作前，先花十分鐘列出工作清單，確定各項待完成工作的緊急程度和重要程度。可以用不同顏色的便條紙，代表各項工作不同的緊急程度和重要程度，按照要完成的先後順序貼在電腦的右側。開始工作後，先著手做該做的工作，每完成一項，就將便條紙撕去。如果遇到緊急插進來的工作，則可以根據其緊急性和重要性彈性調整。

東山在工作時把該做到的全力以赴做好，然後準時下班，去享受美食，去認真生活。反觀同為專案總監的三谷，常常為了趕進度加班到深夜，還會勉強拉著同組的新人一起加班。

三谷的工作方式八股又笨拙，工作沒有條理且效率過低，三谷的身上有太多職場人的影子。這樣缺乏規劃的工作方式，帶來的結果就是把自己更多的生活時間讓位給工作，生活的幸福感也大大降低。

該工作時，有規劃、有條理地認真工作；該休息放鬆時，便全身心地放鬆去享受生活。休息好了，就能更加精神飽滿地投入工作，能更有效率、有條理地工作；高效率、高品質地完成工作，才能更加無負擔地去享受生活，這樣的正向循環才是幸福生活的真諦。

別再用時間戰術，將工作和生活各自規劃好。先從該做的事情中磨煉自己的心智，把握提升自己的機會；再從想做的事情中獲得生活的幸福感，為繁複的生活增添一絲絲色彩。既有充實的工作，又可以享受生活，這才是完整的人生。

要熱愛——找到自己願意奉獻一生的事

紀錄片《我在故宮修文物》的同名書籍中，序言有一句話：大歷史，小工匠。擇一事，終一生。

故宮裡的文物修復師們用自己的一生詮釋了「因為熱愛，所以堅持」的人生態度和工匠精神。在人的一生中，能夠找到一件自己願意奉獻一生的事，並堅持下來，當成事業一樣經營，何其有幸。因為世界上太多人沒有找到自己真正喜歡做的事情，雖然做過很多嘗試，但每件事都堅持不了太久，最後也只能庸庸碌碌地過完一生。

對於職場新人來說，自己從事的工作是自己真正熱愛的，這是保持工作動力的必要條件。但是，找到自己感興趣的事情並不難，難的是找到自己真正熱愛並願意為之奉獻一生的事。因為很多時候，我們分不清自己做的事到底是一時心血來潮，還是心中真正所愛。如果是一時心血來潮，常常會因為只看到了工作好的一面，卻接受不了工作不好的一面而匆匆放棄。只有真正熱愛，又適合自己天性，才能日復一日長久地堅持下去。

村上春樹在他的著作《身為職業小說家》中，述說了自己選擇做職業小說家的心路歷程。其中，就談到了職業的兩面性和職業與自己天性是否契合的問題。

別人眼裡的小說家，尤其是著名小說家，多少帶有名人光環，這是作為小說家被世人看到的好的一面，可謂毫不費力就能名利雙收。村上結合自己的經歷和感受，向那些只看到小說家光鮮亮麗一面的人潑了一盆冷水。事實上，職業小說家的工作不僅耗時費工，而且容易讓人感到瑣碎鬱悶。想要創作一部長篇小說，起碼需要一年的時間；篇幅很長的話，三年時間獨自伏案與埋頭苦寫也不足為奇。清晨起床後，每天都要保證五～六個小時集中心力執筆寫稿。除此之外，職業小說家還會時刻覺得無比孤獨，彷彿孤單一人坐在漆黑幽深的井底，沒有人可以來救你，也沒有人會來陪伴和鼓勵你。

任何事情都有兩面性，在確定自己的職業時，不妨問一問自己：「你是否看到了這份工作的兩面性？你的天性是否適合從事這項工作？」

經過詳盡的自我分析後，村上認為自己的天性，比如性格特點、思想特點和忍耐力等，都比較適合寫小說。所以，村上選擇了小說家的職業。要知道，在此之前，他在咖啡店打過工、開過爵士樂酒吧，只不過村上了解自己並非具有善於經營應酬的社交型人格，經營酒吧不會太有成就，因此最終選擇了比較契合自己天性的小說家作為職業。

和村上春樹一樣，很少有人能在一開始就找到自己真正熱愛的事情，並將其當作事業經營下去。如果你夠幸運，一開始就找到自己真正喜歡並且各方面都很合適的工作，那就繼續走下去，並從中收穫充實、快樂與成長。

如果你還無法確定自己正在做的工作到底是不是真正熱愛的，不要著急，不要焦慮，先做好當下的工作。很多情況下，你對自己的工作只有表面的興趣，是因為你對工作淺嘗輒止，沒有深入到每個環節，無法發現深層的樂趣。不妨試著為自己打打氣，拿出匠人精神的氣度與態度，把工作中的每一個環節做到極致。慢慢地，在獲得成就感的同時，你還會發現工作的深層樂趣，從而把工作培養成自己真正熱愛的事業。

正如「日本經營之聖」稻盛和夫所說，要想度過充實的人生，只有兩種選擇：一種是「從事自己喜歡的工作」，另一種是「讓自己喜歡上工作」。

做自己感興趣的工作，只不過是進入職場的第一步；而把工作變成自己的興趣、變成可以為之奉獻一生的事業，則是職業生涯中我們必須達到的高度。因為只有發自內心的熱愛，才是工作中一往無前的利器。發自內心的熱愛，是一切付出的先決條件。只有內心真正充滿熱愛，才會腳踏實地、專心致志地對待自己的工作，並且全身心地投入其中。

找到自己真正熱愛的事業，找到自己願意為之奉獻一生的事，然後用餘生所有的時間去做到極致，你所獲得的快樂和歡喜將如同漫漫長夜之後，預示著黎明的曙光。

堅持走下去，用一輩子的時間做好一件事，如此的人生也是功德圓滿的。

做自己感興趣的工作，
只不過是進入職場的第一步；
而把工作變成自己的興趣、
變成可以為之奉獻一生的事業，
則是職業生涯中我們必須達到的高度。

要有效——忙碌上癮症

我們常常容易掉進忙碌的陷阱，實際上我們並沒有那麼忙，但總是想表現出忙忙碌碌、分身乏術的樣子，尤其是在同事或主管面前；每當主管靠近自己的座位，哪怕只是經過，我們也會十指如飛、把鍵盤敲得鏗鏘有力；經常跟同事抱怨自己加班到很晚，吐槽工作占據了週末休息時間等。其實你只是想讓別人知道你有多忙而已，總愛借機會提到自己為工作做了多大的貢獻和犧牲……

忙碌似乎會讓人上癮，哪怕不是很忙的時候，也要假裝自己很忙碌。羅患忙碌上癮症的人的字典裡，忙碌等同於積極上進，忙碌是升職加薪的祕訣，忙碌可以換來職場的安全感，忙碌還可以彌補內心的焦慮和空虛。很少有人考慮到，常年忙碌工作是否是因為自己工作的效率太低？

我的一位校友畢業後進入一家會計事務所工作，每天忙得焦頭爛額。眼見她的髮際線越來越高、皮膚爆痘頻率越來越高，每次與她聊天，我都勸她別把自己弄得那麼疲憊。

有一次，她跟我講起他們事務所的一位資深註冊會計師。事務所允許這位前輩上下班不打卡，有事無須請假，也從沒加過班。她之所以能享受這樣的特權，是因為她經手的每個案子都是大案子，案值基本上是其他會計師的十倍以上，一些名不見經傳的小案子根本入不了她的法眼。

這位資深註冊會計師早就實現了許多人夢寐以求的財務時間雙自由，而像我校友那樣的普通會計師整天忙得團團轉，也遠遠達不到她的業績，只能望塵莫及。對方完全有資格、有底氣享受各種特權，因為她高水準的專業素養讓她不可取代，當然這也是她前期專注學習業務知識，不斷提升業務能力的結果。

終日忙碌的人把忙碌當成一種生產力，又不喜歡打破拖延者的思維，也從不留時間和空間給自己學習和思考，因此一直處於忙碌與低效率的惡性循環中；而高效率的人懂得空出時間給自己更新和提升，進行深度工作，最終把自己打造成無可取代的厲害角色。

卡爾．紐波特（**Cal Newport**）在《深度工作力》（*Deep Work*）一書中說：「當工作中沒有明確目標時，圍繞膚淺工作的表面上的忙碌會成為一種本能。」

人生中最悲哀的事不是經歷了多少風雨苦難，而是終日忙碌卻不知道自己最適合做什麼、最喜歡做什麼，更沒想過自己想要達到什麼樣的目標、想要過上怎樣的生活，最後只能在庸庸碌碌中急匆匆地度過一生。

沒有目標的努力叫忙碌，
有目標的努力才叫奮鬥。

因為沒有目標，所以工作盲目而缺乏規劃。忙碌的人在工作時，會在電腦上開啟多個資料夾和檔案，希望自己可以同時完成多項工作，這看起來似乎是很高效的工作方式。但事實上，由於缺乏規劃，分到每項工作的專注力都不夠，沒有分清重要和次要，想做的事再多，終究也是一事無成，最後只能寄希望於無休止的加班。

所謂沒有目標的努力叫忙碌，有目標的努力才叫奮鬥。所以，確定自己努力的方向，比努力本身更重要。請不要再將自己終日埋在工作裡，清醒的時候，不妨審視一下自己，問問自己到底想要什麼樣的生活。

高效率的產出始終來自時間的累積和高度的專注，並非僅僅是靠時間戰術。一個人之所以能成功並不是看他投入了幾個小時，也不是看他同時在做幾件事，而是看他把專注力用在哪件事情上。忙碌並不代表職場上的成功，你或許會因為「看起來很忙」而受到主管片刻欣賞，但實際上，主管真正欣賞的下屬是能專注於某項工作且高效完成的人。

不滿足於當下的現實，又不確定自己的理想，只能以終日忙碌來填充自己的時間，掩蓋內心的焦慮，讓自己在充實的假象中找到踏實感和安全感。但是終將困擾你的問題，還是你根本不知道自己想成為什麼，也不知道自己想要什麼，於是只能不停地忙碌，直到有一天將自己的體力和精力全部耗盡。

如果你是終日把忙碌當作生產力的人，請不要繼續在這種假象中沉迷，抬起頭，擦亮眼睛，找到自己的目標，確定自己努力的方向，提升自己的學習力和思考力，讓自己從膚淺工作進階到深度工作，你會發現，自己變得越來越好。

當無用的忙碌變得有效起來，你會發現工作原本可以不那麼忙碌。高效完成工作後，你會收穫很多休息、娛樂或者提升自己的時間。從那一刻起，你才成為自己的主人，生活的權杖才真正重回你的手中。

要標準——
做法千萬種，而你要有自己的標準

有個插畫家朋友僅僅自學兩個月後，就接到商業邀稿。之後，隨著他插畫技藝和知名度提升，來邀稿的客戶一個接一個，他的插畫價格也越來越高。二〇一九年年初，他成立了自己的工作室，邀請我們幾個好朋友去參觀。言談之間，有朋友問他如何能不斷地接到商業邀稿，還能談到高價，他靦腆地笑笑說：「我只是比別的插畫家多做了幾個工作步驟而已。」

後來，我在他桌上發現他不斷接到邀稿的祕訣。他為自己列了一張清單，上面有所有與客戶交流以及創作過程中自己需要注意的問題和自己在每個環節必須要做到的標準。這個世界上插畫家那麼多，他之所以能稿約不斷，除了越來越精湛的技藝，更離不開他給自己定下的工作原則或標準。

當然，每個人做事都有各自不同的風格，成功的做法亦有千萬種。只不過，在工作中，有沒有自己的一套標準決定了是否能抵達更遠的終點，達到更高的格局。

面對工作，有自己標準的人從來都是這樣要求自己：把工作「做好」，而不僅僅是「完成」。主管所交代的每一項具體工作，完成只是基本，至於把這份工作做到什麼程度，則完全取決於個人的工作態度。有人雖然按部就班，但是抱著得過且過的工作態度，最後交出一份中規中矩的成品；有人對自己要求嚴格，能努力做到的事情從來不拖泥帶水，他們總是雷厲風行，善於創新，再加上審慎全面的思考分析，從而不斷開拓新的發展管道，最後總能交出令主管和客戶眼前一亮的作品。

在職場中，有自己一套工作標準的人，即使在沒有明確標準的情況下，也能做到、甚至超出工作的基本要求。而且，能堅持自己標準的人，不會滿足於既定的標準，他們會在了解自己的基礎上，不斷給自己提出更高的標準，以此來實現職涯的成長和迭代。有人僅僅滿足於執行工作中的基本要求，在沒有明確標準的情況下，還是一味地埋頭苦幹，缺乏獨立的思考力和學習力，做事從不講究技巧和方法，雖然看起來很努力，兢兢業業地忙碌著，但是這種忙碌的結局總是事倍功半，這樣的人無法在職場上走得更遠。

而且，有意識地提高自己的工作標準，意味著你對工作的用心和熱愛。為了超越自己而不斷提高工作標準，你會獲得不斷學習和提升能力的大好機會。

很多人覺得例行工作人人都能做好，沒什麼了不起，然而就是這些簡單的工作，只要用心去做，循序漸進地提升自己的能力，就會成為今後發展的分水嶺。同樣做簡單事務類工作的人，一位因為做事效率高、主管或同事好評如潮而被轉調升職；另一位卻一直默默無聞地做著原先的工作，沒有絲毫進步。

將簡單的例行工作做到極致，就是所謂的職人精神。被譽為日本壽司之神的小野二郎在紀錄片《壽司之神》中慢悠悠地說：「現在的孩子都不願意認真努力工作，專業也不精益求精，希望錢多一點，空閒時間多一點……」

在如今這個人人把「不上班」當成理想生活的時代，很多人早已放棄了為自己建立一套工作標準，不再堅持，得過且過，工作不上不下，卻也不能真的完全不工作，最後只能在理想與現實之間困頓掙扎。

事實上，成功沒有什麼難的，只要你一直堅持，每天都比昨天做得更好，不斷對自己要求苛刻，就夠了。

工作沒有什麼高低貴賤，我們所從事的每一份工作，都是在世間抵達幸福之前的修行，都有著命運的旨意。在充分了解自己的基礎上，建立自己的標準，嚴格要求自己，不隨波逐流，才能充分把握工作和人生的主導權，不至於原地打轉，走不出庸庸碌碌的無限迴圈。

每個人的先天稟賦各不相同，找到自己的長處，彌補自己的短處，凡事堅持自己的標準和原則，揚長避短，循序漸進，假以時日，我們都能與更好的自己相遇。

每個人做事都有各自不同的風格，成功的做法亦有千萬種。
只不過，在工作中，有沒有自己的一套標準，
決定著我們是否能抵達更遠的終點，達到更高的格局。

要控制——永遠氣定神閒，永遠從容不迫

一位多年習練站樁的長者曾告訴我，氣定神閒是站樁的一種修為境界，看似簡單，只需要從容不迫地立在那裡，實則是不斷修習和鍛鍊的結果。想要達到氣定神閒的境界，第一要調節和控制呼吸的節奏，以保持心氣的平和穩定；第二則是要學會調節和控制情智，以保持神志清明。看似輕而易舉的氣定神閒，卻離不開身體內在對呼吸和情智的控制。

站樁如此，生活如此，職場上更是如此。想要保持氣定神閒、從容不迫

的狀態，想要獲得真正的自信與自由，那就要學會自我控制。

學會自我控制的第一步，就從控制情緒開始。無論在工作中遇到什麼樣的風風雨雨，總能情緒穩定，永遠不會自亂陣腳，保持運籌帷幄的氣定神閒和從容不迫，才是職場白骨精應有的職業素養和職業風度。

你始終要明白，企業是以盈利為目的的組織。既然身在職場，就要懂得控制情緒、用結果和實力證明自身價值的道理。只有穩定的情緒，才能保證高效率的執行能力和工作產出。

抱怨和情緒化非但不能解決任何問題，反而會影響你之前辛苦努力打下的個人品牌。於你自己，也會產生很大的內耗。

學會自我控制的第二步，就是控制說話，所謂高情商就是好好說話。禍從口出，一言可以興邦，也可以喪邦。會說話的人，能夠恰到好處地化解危機，不會說話的人，卻容易惹禍上身。

職場上在說話之前，要多看、多觀察，沒有把握的話盡量不要說，就算有把握，說的時候也要謹慎。不僅說話，行動上更是如此，沒把握的事不要輕易去做。

此外，改變說話的語氣，能讓你從容面對困難，然後一步步解決，而不至於驚慌失措、無從下手。當面對難度大、挑戰性高的工作時，我們往往會因為壓力大而產生消極悲觀的情緒，這時候，給自己一些積極的自我暗示和正面導向，那些曾讓你焦頭爛額的難題就會迎刃而解。

學會自我控制的第三步，是控制時間，其實就是時間管理和高效率。

職場中的忙碌者可以分為三種。第一種人唯主管的命令是從，無論主管分派什麼工作，他們都竭力完成。但他們只會停留在「完成」這個層面上，從來沒有反思總結，時間久了，難免會有一種沒自信的焦慮感。因為從未思考總結過，根本不知道自己從中得到了什麼，更不知道自己的核心競爭力在哪裡。

第二種人是看到別人忙碌，就假裝自己也很忙，給別人營造一種「我也

只有穩定的情緒，才能保證高效的執行能力和工作產出。
抱怨和情緒化非但不能解決任何問題，
反而會影響你之前辛苦努力打下的個人品牌。

在努力拚命工作」的假象，以此躲過主管或上級的眼睛。這種表面化的忙碌對自我成長毫無意義，難免會帶來心虛和失落感。

第三種人是真正的大忙人。之所以那麼忙碌，是因為自己對每一項工作都要求做到完美極致、精益求精。的確，這樣的工作態度值得學習，但是過分追求完美會不斷滋生焦慮情緒，還可能打亂整體的工作節奏。

無論如何，越忙碌的時候，越要抽空做時間與工作的梳理總結，做好時間管理，及時調整自己的節奏。良好的時間管理有利於提高工作效率，以及工作成果的品質。

學會自我控制的最後一步，是控制欲望。一個人不可能是全能型選手，但是面對主管或同事提出偏離你本職工作的要求或請求，往往會選擇優先滿足他人的利益，而偏離自己的軌道。當然，如果成功，你在這件事情上不僅得到成就感，得到主管的表揚或者同事的讚賞，同時也滿足了自己的欲望和貪婪。

然而，當你不確定自己是否能完成主管或同事提出的工作請求時，可以先衡量一下做這件事對自己工作能力或資源的提升有沒有好處。如果可以做，就提出要求，說明完成這項工作所需要的條件；如果不可以做，則向對方展示自己在做的工作專案，合理地告訴對方你不能完成他們的工作請求。

無論是在生活中，還是在職場上，氣定神閒和從容不迫都是需要透過學習和鍛鍊才能獲得的。學會控制工作中的方方面面，才能把自己鍛造成優雅淡定的職場達人。

如果你還無從下手，不妨試著控制情緒、控制說話、控制時間和控制欲望，不斷打造自己的核心競爭力，主動創造和及時抓住寶貴的機遇，積極認真地面對工作，持之以恆地做好每一件事，就能迎來屬於自己的成功。

05

高級感的未來

幸福感其實很簡單，
它來自我們用心度過的每一天；
來自生活中不經意卻充滿驚喜的小事件。

好好養生——擁有平和安穩的睡眠

人的一生有三分之一的時間都在睡覺，擁有平和安穩的睡眠品質，對保持身心健康尤為重要。愛好養生的朋友應該都知道，平和安穩的高品質睡眠，對人的身體各方面都有不可多得的好處，所謂「養身三大事，一睡眠，二便利，三飲食，其餘起居、服裝等皆是輔助。」

然而，現實生活中，很多人有難入睡、睡眠品質低落的問題，還有很多人有晚睡強迫症。如果做一個「明明道理都懂，但就是做不到」的排行榜，那麼「明明知道熬夜傷身，但就是做不到早睡早起」一定位居榜首。

現代年輕人的睡眠常態是「不熬到半夜不睡覺」，往往無視早已發出疲憊信號的身體，即便沒什麼事做也不願睡覺，非要熬到凌晨一兩點、甚至更晚，直到筋疲力盡才倒頭就睡；這也就是所謂的晚睡強迫症。如今，不熬夜成了優秀的品格，能好好睡覺的青年都是潛力股。

對於女性朋友來說，皮膚狀態好與不好是睡眠品質高低、睡眠是否充足的指標。一旦睡眠不足，傳說中的熬夜臉就會出現。皮膚乾燥、暗淡無光，甚至鬆弛，長出皺紋、痘痘、黑眼圈，或者浮腫、眼袋等問題都會出現。但是「精緻的豬豬女孩」既不想早睡也不想毀容，於是各大化妝品廠商紛紛推出所謂拯救熬夜臉的神器。然而，這些化妝品大多治標不治本，不能從根源上解決問題。那些狠狠熬過的夜，都會在臉上留下痕跡，哪怕是用最貴的護膚品也於事無補。

有笑話說：「我對生活要求很低，熬夜不猝死就行了。」我們總以為熬夜猝死的那個人永遠不會是自己。然而，現實生活中卻接二連三地爆出年輕人熬夜猝死的新聞，有的就算沒有猝死，也因為熬夜睡眠不足而腦溢血、眼角膜潰瘍等。

真的別再熬夜了！所有的晚睡強迫症患者都知道，熬夜帶給自己的只有百害而無一利，可很多人依舊在深夜裡努力睜開眼睛，打著呵欠，瘋狂透支第二天的精力和快樂。

叔本華說：「睡覺是向死亡的借貸，睡得越多越長，那麼還款期也越長。」

那些睡眠品質很好且充足的人大多都很長壽，其中原因，也不難推敲。想要擁有平和安穩的睡眠品質，沒有那麼難，只要做到以下幾點，你也能進入甜甜的夢鄉。

首先，為自己設定適當的鍛鍊目標和運動量。如果你想沉沉地睡一覺，達到深度睡眠，那每天需要至少運動半小時。但是要切記，睡前三小時內不

一個人如果無法控制自己的學習和生活，
自然也無法控制睡眠品質。

要做劇烈運動。如果非要適量運動的話，可以嘗試助眠瑜伽，幫你放鬆身心，安心入眠。

其次，飲食要以清淡為主，不要吃難以消化的辛辣油膩食物，也千萬不要在晚飯前或睡前暴飲暴食。辛辣油膩的食物會加重腸胃和肝膽的負擔。如果睡前感到飢餓，先別急著點外賣，去熱一杯牛奶，喝下後不僅能緩解飢餓感，還能助你入眠。

第三，睡前別玩3C產品，尤其別在黑暗中使用手機、平板電腦等。很多人熬夜不睡的原因大多是看手機或其他3C產品。有科學研究表示，手機發出的藍光會抑制身體裡的褪黑激素分泌。而所謂的褪黑激素，就是控制睡意的開關。只有褪黑激素正常分泌，我們才可以產生睡意，睡得更好。

第四，睡前不要喝酒。電視劇或者言情小說裡，有很多「失戀了失眠，用喝酒讓自己睡著」的橋段。現實生活中，也有很多人效仿，認為睡前喝一杯酒有助入眠。但事實卻相反，雖然小酌後微醺的感覺很愜意，可睡前飲酒有可能會讓你睡得更淺，無法達到深度睡眠。

最後，堅持每天晚上睡前泡腳十五～三十分鐘。用溫水泡腳，不僅能促進血液循環，還能舒緩疲勞，放鬆身心，讓你快速進入睡眠狀態。

很多人把熬夜或晚睡的罪魁禍首歸於手機，認為手機填滿了人們的時間，甚至剝奪了正常的休息時間。然而，手機不是罪魁禍首，不自律和自我放縱才是。白天沒有有效的利用時間充實自己，到了晚上，用熬夜和晚睡來彌補內心的空虛，填滿無聊的生活。玩手機或平板，只是藉口和不自律的擋箭牌。一個人如果無法控制自己的學習和生活，自然也無法控制睡眠品質。

關於養生和早睡早起，發下再多的豪語，都不如付諸行動，回歸早睡早起的健康生活作息。也許剛開始你會很不適應，但是堅持下去你會發現，自己的皮膚變好了，臉色變得健康了，身體變得更有活力了；這就是平和安穩睡眠的力量。

夜色美而靜謐，只有平和安穩的睡眠才與之相配。擁有好的睡眠品質，保持身心健康良好的狀態，才有機會回歸內心的喜悅與富足，給自己一個充滿高級感的未來。

好好享受——每天發現一件重要的小事

我一度非常羨慕北歐人的生活方式，他們的語言精妙地傳達了北歐人的幸福生活哲學，比如丹麥語「Hygge」、瑞典語「Lagom」、芬蘭或瑞典語「Fika」。這三個單字在漢語中均沒有能對應解釋的詞語，卻蘊含著北歐人之所以是全世界幸福感最強的人的終極真理。

丹麥語「Hygge」的含義是，在寒冷的夜晚，坐在壁爐邊，用一條大大的羊毛圍巾包裹住身體，一邊喝著紅酒，一邊撫摸身旁睡著的狗，也許周圍還點滿了溫馨的蠟燭。

瑞典語「Lagom」的含義是，自己動手組裝家具，甚至替自己的房子組建一個陽臺、粉刷、鋪地板，以及節約用水，並使用可回收材料來減少對環境的汙染。

芬蘭或瑞典語「Fika」的含義是，陽光明媚的午後時光，在辦公室或者街邊咖啡館享受一段與工作無關的咖啡時光。

在北歐人的生活哲學裡，幸福並非被賦予多麼宏大的意義，而是來自生活中那些重要的小事。幸福感其實很簡單，它來自我們用心度過的每一天；來自生活中不經意卻充滿驚喜的小事件；來自自己動手做的簡單美味；來自獨處的靜謐時光；來自與家人相親相愛的溫暖瞬間……

幸福不需要花很多錢，也不需要犧牲什麼，它總能透過這些很日常、很重要的小事，讓我們體會到生活的美感與詩意。

生活中，我們難免碰到心情低落的時候，做什麼都沒興趣，覺得生活像一潭死水，掙扎其中，筋疲力盡。每每這時，我的治癒良方就是看《孤獨的美食家》，尤其是劇場版。這部日劇於二〇一二年開播，如今已經播到第九季。

《孤獨的美食家》的主角是中年大叔井之頭五郎，五郎叔經營著一家進口雜貨租賃商店，每日的工作便是出差和拜訪客戶。工作之餘，他會在街頭巷尾尋找美食。與高端華麗的美食節目相比，五郎叔發現的美食略顯簡單，因為他發現的都是市井生活氛圍濃厚的路邊攤和小飯館。但是，五郎叔吃飯的過程從來不將就，而是充滿了儀式感。除了日本人常見的吃飯禮儀，五郎叔一向是按照順序進食，從不狼吞虎嚥或胡亂通吃。如何沾佐料、如何配湯汁都有條有理地進行，認真地對待每一次吃飯的過程，不放過任何一刻味覺的享受。

正如片頭的獨白所說：「不被時間和社會所束縛，幸福地填飽肚子的那一瞬間，他隨心所欲，重獲自由。」

每每看到五郎叔享受美味的專注時刻，我的內心也會有一股暖流流過，升起充盈的幸福感，原本因為心情低落而消失的食欲也被喚醒了。

現代生活的快速和高壓，容易讓人心靈變得浮躁和麻木，以至於忽視生活中很多理所當然的幸福，比如吃飯這件重要的小事。其實，哪怕只是簡單煮一碗麵，也應該認真用心地對待，按照喜好的口味加入調味料，放入愛吃的蔬菜，耐心地等待一碗熱氣騰騰的麵出爐。生活，就像煮一碗麵，我們用百分之百的心意對待，就已足夠。

就是這些重要的小事，組成了真實而豐盈的人生。它們看似不經意，卻總會在某一天促成良好的蝴蝶效應。

很多生活在幸福中的人往往對幸福有過高的定義，也就是俗話說的「身在福中不知福」。明明手裡已經握著別人沒有的幸福，卻一直看向別處，羨慕別人生活中的風景。直到失去了之後，才發現自己從未珍惜過眼前的幸福。其實，不必羨慕別處的風景，你自己身邊就有意想不到的幸福。有時

與遠方的壯麗風景相比，
我們每天體驗到的、感受到的、經歷過的，
才是值得紀念的重要小事。

候，我們只是缺少善於發現美的眼睛和敏感通透的心。為一朵清晨新開的花朵微笑吧！與遠方的壯麗風景相比，我們每天體驗到的、感受到的、經歷過的，才是值得紀念的重要小事。

當你做到安靜平和地欣賞身邊的風景，心平氣和地看周圍人來人往，平凡的生活中總會出現令你驚喜的彩蛋，平平淡淡中帶有鮮活與可愛的生命力，生生不息。

你會發現，生活中最重要的小事，是知道自己想要什麼樣的生活，並身體力行地去追求，並非去到多遠多美的地方，也與別人是否去過哪裡無關。

趁現在，擁抱用心生活的自己，想做的事就去做，有愛的人就去告白，有想實現的夢就去追尋。好好享受當下的幸福，珍惜擁有的一切，幸福，就在你的身邊。

好好生活——歲月抵不過的，是一顆好好生活的心

二〇一九年年初，陸慶屹導演的紀錄片《四個春天》上映，雖然早就知道這是一部充滿溫情的片子，但真正去看時，還是忍不住淚眼朦朧。每一個春天鏡頭的背後是導演敏感溫潤的心，鏡頭前則是春去秋來的飲食起居。因為這部電影記錄的是真實鮮活的生活，所以觀看的人很難不從中找到共鳴。很多人看著看著笑了，然後看著看著又哭了。這個過程就像生活本身，時而美妙婉轉，時而冷淡低沉。

最終回味起來，影片中母親唱歌、父親說話、兩人行走山野間的樣子始終印刻在我的腦海。母親的可愛開朗，父親的天真含蓄，還有兩個無論經歷什麼都要好好生活的有趣靈魂。

生活雖然不像天堂般美好，但這並非我們不能好好生活的藉口。因為生活也遠沒有我們想像的那麼糟糕，好好生活，便能抵禦歲月的平淡和無常。

我有個朋友曾創立了自媒體，本來流量和閱讀量已經趨於穩定，但在發了最後一條推文後，他就停更了。停更後，自媒體後臺的粉絲評論馬上炸了，有人支持他並詢問他之後的工作生活計畫；有人勸他冷靜，別放走這條大魚；還有人純屬看熱鬧的心態，等著他哪天回來更新打臉。

他的最後一條推文是：我不想要月入十萬，我只想要好好生活。

人與人之間永遠無法感同身受。比如有人認為「月入十萬」與好好生活並不衝突，而對我朋友來說，堅持每日更新自媒體已經侵占了他所有的生活時間。當蒸蒸日上的事業與好好生活之間發生衝突時，他寧願放棄人人羨慕

在生活面前，
再重要的事情都要俯首稱臣。

的事業，也要選擇好好生活。

自媒體停更後，朋友申請了澳洲的 WWOOF 專案，去澳洲體驗真實的農場生活。他與當地農場主人一起做力所能及的農活，用農場培育的蔬菜烹飪美食。他還因此對農場經營產生了濃厚的興趣，找到了自己真正喜歡做的事。WWOOF 的專案到期後，他立即申請到墨爾本大學（The University of Melbourne）的農業科系，他自己也沒想到人生會發生如此大的變化。

重返校園的他累並快樂著，既能忙於真正喜歡做的事情，又能留出好好生活的時間和空間。他每天午餐過後，會和同學一起散步或者躺在草坪上享受陽光，晚上會自己下廚做喜歡吃的料理。如今，他的廚藝精進很多，西餐中餐都會做。這些好好生活的小小儀式感，足夠支撐他面對繁重的課業，給了他很多面對未來的力量和勇氣。

詩人谷川俊太郎在〈春的臨終〉裡寫道：「我把活著喜歡過了……我把悲傷喜歡過了……我把笑喜歡過了……我把等待也喜歡過了……我把惱怒喜

歡過了……我把活著喜歡過了……我把洗臉也喜歡過了……」

你看，在體驗過生活的起承轉合與喜怒哀樂之後，依然能好好生活，哪怕是洗臉這件小事，也是詩人珍視的生活啊！能寫出這樣耐人尋味的詩句，難怪谷川俊太郎會說「比起生活，詩歌是次要的」這樣的話。在生活面前，再重要的事情都要俯首稱臣，因為的確沒什麼是比好好生活更重要的事了。

所謂「若無閒事掛心頭，便是人間好時節」，弘一法師（李叔同）面對生活的態度值得每個人學習：菜做得太鹹是好的，下雨天有木屐是好的，破毛巾是好的……生活的平和與幸福不是來自昂貴物質的堆砌，而是一顆面對一切事物一如既往的平常心。

春天看百花開放，夏天享涼風習習，秋天賞月色美景，冬天觀大雪紛紛，春去秋來，四季輪轉，萬事萬物都在變化，唯一不變的便是對生活永恆的熱愛。

好好生活，好好愛自己，好好吃飯，好好睡覺——雖然這些組成生活的事情並不起眼，卻處處蘊藏著生活的真諦。好好生活，因為生活值得我們用心對待。

活著不易，人生實苦，但總會有一星半點的可愛驚喜出現。所以，別因為一時的低谷就拒絕陽光的照射。好好生活，用力擁抱人生，積極面對生活中的一切，然後繼續努力前行，幸福就一定會來敲門。

好好努力——
現在的一切，都是對未來的加冕

比起當今的年輕一代，我們父母那一輩似乎更相信努力奮鬥的意義。他們大都經歷過從無到有、先貧後富的過程，勤勤懇懇地努力，腳踏實地地奮鬥，最終讓自己和子女過上更好的生活。因此，他們更信奉「一分耕耘，一分收穫」的回報定律。

反觀年輕人的生活狀態，無論是在網路上還是現實中，越來越多人把「喪」掛在嘴上。一時間，「喪」成了消極怠惰的藉口。失敗、不被人喜歡、存在感低、不努力……都是因為自己「喪」。

當然，從小就被父母和老師教育「要努力、要靠自己的雙手去獲得成功」的我們，沒有人不知道努力可以帶來進步、帶來成功，但是為什麼現代年輕人越來越不願意努力了？因為如今的努力需要經過漫長的等待或者更漫長的努力才能看到結果，而且最後的結果還充滿不確定性。畢竟，這個世界上，並非所有的努力都會得到你想要的回報。

在努力的過程中，我們總會遭遇各種誘惑的頻頻騷擾。有人面對誘惑和騷擾，選擇了暫時放棄，放飛自我、及時行樂，等享受完快樂之後再重新開始。可是，誰知道下一次開始又會有什麼樣的誘惑來臨？於是，當初承諾的努力其實一直在起跑線，紋絲不動。

努力這回事，雖然沒人能百分之百保證會成功，但是你能收穫踏踏實實的進步。堅持下去，每次進步一點點，累積起來的就是成功。只要你能克制自己的欲望、抵擋住眼前及時行樂的誘惑，成功其實也沒有那麼遙不可及。

表妹考中級會計師，連考了兩次才合格通過。拿到證書後，她在朋友圈驕傲地晒圖，為自己慶賀。

我私下發訊息給她：「可還記得，上次妳沒考過的情形？」

表妹回覆說：「這兩次考試我都沒忘，以前我的努力都是自我感動，而不是真正用盡全力。也許第一次沒通過正是命運的安排，它在告訴我，別小看努力奮鬥和堅持的意義。」

看到表妹這句話，我從心裡覺得小女孩長大了，有種吾家有女初長成的自豪感。我記得她第一次落榜的樣子：一見到我就抱怨，自己明明夠努力了，為什麼上天還是不給她一次機會？

她確實夠努力了，早上五點半起床，起來第一件事就是看書；上班路上聽語音課程、強化記憶；推掉所有社交應酬，連週末也貢獻給做題看書……

但唯一一點，我發現，我每次發訊息給她她都秒回，而且每天頻繁地在社群上發文。我看出了她的問題所在，便提醒她，表妹當時的回覆是：「一直學習很枯燥，勞逸結合一下會更好。」

但是，實際的效果卻事與願違。一拿起手機，刷微博、刷朋友圈，再按個讚、評論一下，然後與朋友聊聊天，其實在不知不覺間占用了很多時間。表妹也知道這樣做對備考沒有好處，但是無奈學習過程太枯燥，她總是控制不住想放鬆一下。

經過我的提醒，表妹把原先用的智慧型手機換成了只能打電話、發簡訊的陽春手機。一旦冒出學習困難且枯燥的想法，她就告訴自己：此刻的努力和堅持，終將穿越時間的冗長和無聊，帶給我未來的成功。

終於，第二次考試，她順利通過了。

只有親身經歷過的人，才會更相信努力奮鬥的意義。根本沒有所謂的「神童」或「天才」，每位成功者光鮮亮麗的背後，都有一段不為人知的沉默歲月。

二〇一八年平昌冬奧會上，羽生結弦成功衛冕，創下冬奧會男子單人滑

只要你能克制自己的欲望、
抵擋住眼前及時行樂的誘惑，
成功其實也沒有那麼遙不可及。

的新歷史。當他結束最後一個動作時，全場觀眾起身鼓掌歡呼，冰場上更是下起維尼熊雨，解說員激動地稱他為「花式滑冰領域的絕對王者」；羽生結弦也流下激動的淚水。他多年來忍受傷病，永遠微笑面對刁難、孤獨、不甘與懊惱，終於在不斷自我反省中變得更強。

人生來不平等，有人生下來就有別人努力多少年都達不到的優越資源；世界本來也是殘酷的，有時候努力奮鬥也會換來徒勞無功的結果。但這些都不能作為不努力不奮鬥的理由，好好努力，才能把握破繭而出的機會，才能衝破命運的藩籬，得到廣闊的自由。

好好努力，如今所有的一切，都是對美好未來的加冕。當成功觸手可及時，回想過去，你會感謝那個當初堅持努力、不怕吃苦的自己。命運不會虧待認真努力的人，雖然成功來得可能有早有晚，但不放棄努力，便是對自己、對人生最大的尊重。

所以，你只需好好努力，一切自有安排。

好好成長——你要的答案，只能自己尋找

十幾歲時，我有一種迫切與他人或外界交流的衝動，那時候最想問別人的問題是：你覺得我是怎樣的一個人？

我忍不住問了很多人，父母、兄弟姐妹、好朋友、老師，甚至是自己不喜歡的人，迫切地想在這些地方尋找自己的定位。我不停地問，卻始終沒有問到一個心滿意足的答案。

其實，自己心滿意足的答案具體為何，當時我也說不上來。直到後來，

我才明白，之所以一直問卻還不能心滿意足，是因為別人都是從他們的角度看問題，而答案其實在我自己身上。

關於成長，除了認識自己，我們還需要悅納自己，然後不斷改變和精進，從而實現終身成長的終極目標。所有關於成長的答案，都需要我們自己去尋找。

真正的成長，不是優於別人，
而是優於過去的自己。

唯有認識自己，人生才算真正開始

俗話說：「人貴有自知之明。」人最大的智慧就是認識自己，唯有認識了自己，人生才算真正開始。人人生而不同，每個人的智力、體力、人生經驗各不相同，以別人為鏡子來照看自己是行不通的。同樣地，以別人的生活來衡量自己的生活更是無稽之談。真正的成長，不是優於別人，而是優於過去的自己。

阻礙我們認識自己的原因，是因為我們是自己，這個道理跟「不識廬山真面目，只緣身在此山中」非常相似。因此，要想真正認識自己，我們既要向內觀照內心，又要跳出自我局限的圈子。學會反思和自省，才能撥開重重迷霧，遇見未知的自己。

悅納自己，才能有效地提升自我

假設我們理想中的自己是一百分，那麼我們真正認識的自己也許只有八十分。沒有人是完美無缺的，與其為缺失的二十分糾結掙扎，不如悅納八十分的自己。用適合自己的方式發掘和發揮潛能，照樣能把八十分的人生活出一百分的精采。

這把打開潛能的鑰匙就在自己手裡。在我們的成長過程中，儘管需要別人的肯定和鼓勵，但比起別人的評價，更重要的是我們對自己的接納程度。因為只有我們自己，才是自己的主人。只有悅納了自己，才能有效地提升自我。

阻礙我們改變的最大敵人，就是自己

很多時候，我們明知自己的不足之處，明知自己需要改變，但就是沒有付諸行動。原因不在別人身上，也不在周圍的環境，而在於我們自己。也就是說，阻礙我們改變的最大敵人，就是自己。

因為改變自己意味著要走出舒適圈，我們害怕改變之後不被人接納，又害怕改變之後生活會充滿不確定的不安全感。但是，在現實生活中，我們不能遇到問題就繞道而行，更不能工作稍有不順利就辭職走人。其實有時候，遇到問題反而是走出舒適圈和改變自己的契機。

充分修煉自己的靈魂，不斷精進自我

所謂精進，就是以精益求精的態度，取得日日漸進的效果，最終養成把一件事做到極致的習慣。只有充分修煉自己的靈魂，才能不斷精進自我。

精進自我需要持續地努力，成長總是會痛的，一旦遇到問題或困難，先不要急著去責怪別人，而是應該反思自己，進行自我審視。每一次自我審視，都會帶來新的成長機會。

終身成長，成為最好的自己

終身成長是一種思維模式的轉變。卡蘿・杜維克（Carol Dweck）在《心態致勝》（*Mindset：The New Psychology of Success*）一書中提出兩種思維模式：成長型思維評價和固定型思維評價。前者評價自己比較客觀，知道自己當下正在做什麼事情，並且知道能透過認真努力而做到更好；而後者則比較極端，認為努力和不努力不是取決於自己，而是取決於外界對自己的影響。

顯然，把終身成長作為終極目標的人，一定會選擇成長型思維評價模式。把每一次錯誤當成自我提升的機會，不懼怕發生錯誤，敢於嘗試各種方法和可能性，因為正是這些，讓我們成為最好的自己。

人的一生本來就是不斷尋找答案的過程，只有出發，才能抵達。

每個人的旅途都有不一樣的風景，命運會為我們在沿途留下不同的線索，想要找到那些關於成長的答案，就必須自己去丈量那些路，順著線索去發現解開迷惑的答案。

堅持走下去，我們終將在成長的終點遇到最好的自己，唯有這樣，才不負美景，不負人生。

高寶書版集團
gobooks.com.tw

高寶文學 071
生活需要高級感
作　　者　*小野
特約編編　余純菁
助理編輯　陳柔含
封面設計　林政嘉
排　　版　賴姵均
企　　劃　方慧娟

發 行 人　朱凱蕾
出　　版　英屬維京群島商高寶國際有限公司台灣分公司
Global Group Holdings, Ltd.
地　　址　台北市內湖區洲子街 88 號 3 樓
網　　址　gobooks.com.tw
電　　話　(02) 27992788
電　　郵　readers@gobooks.com.tw（讀者服務部）
傳　　真　出版部　(02) 27990909　行銷部 (02) 27993088
郵政劃撥　19394552
戶　　名　英屬維京群島商高寶國際有限公司台灣分公司
發　　行　希代多媒體書版股份有限公司 /Printed in Taiwan
初版日期　2021 年 10 月

ZITO®

國家圖書館出版品預行編目 (CIP) 資料

生活需要高級感 / * 小野著 . -- 初版 . -- 臺北市：英屬維京群島商高寶國際有限公司臺灣分公司，2021.10
面；　公分 . -- (高寶文學：071)

ISBN 978-986-506-226-2(平裝)

1. 人生哲學　2. 生活指導

191.9　　110014235